英语语言与中国文化传播的相关性研究

卢 兵／著

新 华 出 版 社

图书在版编目(CIP)数据

英语语言与中国文化传播的相关性研究 / 卢兵著.
—北京：新华出版社，2022.10
ISBN 978-7-5166-6483-4

Ⅰ.①英…　Ⅱ.①卢…　Ⅲ.①英语－语言学－研究②
中华文化－文化传播－研究　Ⅳ.①H31②G125

中国版本图书馆 CIP 数据核字(2022)第 181361 号

英语语言与中国文化传播的相关性研究

作　　者：卢　兵

责任编辑：蒋小云　　　　　　　　封面设计：马静静

出版发行：新华出版社
地　　址：北京石景山区京原路 8 号　邮　　编：100040
网　　址：http://www.xinhuapub.com
经　　销：新华书店
　　　　　新华出版社天猫旗舰店、京东旗舰店及各大网店
购书热线：010－63077122　　中国新闻书店购书热线：010－63072012

照　　排：北京亚吉飞数码科技有限公司
印　　刷：北京亚吉飞数码科技有限公司
成品尺寸：170mm×240mm
印　　张：12　1/16　　　　　字　　数：190 千字
版　　次：2023 年 6 月第一版　　印　　次：2023 年 6 月第一次印刷
书　　号：ISBN 978-7-5166-6483-4
定　　价：86.00 元

前　言

　　民族文化是一个丰富的整体,包括知识、信仰、艺术、道德、法规、习俗乃至各种习惯,它既是以往的民族感情和民族意识的积淀,又是当下该民族的时代精神和价值取向的凝结。民族文化反映着该民族成员的思维方式、价值取向、理想人格、伦理观念、国民品性等,属于"深层结构"的东西,反映着特定的人际关系和价值体系。这种深层结构的文化及其所承载着的人际关系和价值体系,充分地反映着文化的民族性。所谓文化的民族性,实质上就是一定民族与其他的民族在文化特质方面的根本区别。例如,中国传统文化中的自强不息、厚德载物的精神,天人合一、贵和尚中的精神,崇尚整体、倡导协同的精神,人们对它的价值评价尽管见仁见智,但其与西方文化有着强烈的反差,则是不争的事实。从根本上讲,作为价值系统、文化模式集中反映的文化的民族性,只要该民族存在,就不可能消失。

　　中华民族文化历经数千年的演变,其间经历了外来文化的冲击和挑战,特别是遭受了近代意义的"西方文化"的狂飙式的震撼,却依然以其独特的风貌挺立于世。尽管现在的中华民族文化已经渗入了不少外来文化的成分,特别是西方文化对中国文化影响甚深,但是世界上任何国家的政府及其人民,绝不会因此而否认中国文化作为一个独特的文化类型的存在,"中国人""中国文化"在世界上早已是无须论证而客观存在的一种民族标识、一种文化价值。随着文化全球化的逐步深入,中国文化在世界上的影响力越来越大。今天,中华民族正在复兴自己的伟大文明的道路上奋进,在积极建设有中国特色的新文化。在此过程中,我们需要积极传播中国"新文化",其中必然离不开语言的帮助,尤其是英语,因为英语是当前国际上的一种通用语言。研究英语与中国文化传播将有助于扩大中国文化在国际上的影响力。鉴于此,作者在参阅大量相关著作文献的基础上,精心策划并撰写了本书。

本书共有八章。第一章作为全书开篇,首先介绍了英语语言与中国文化传播的时代背景,包括英语语言与文化的关系、中国传统文化的历史演变、文化全球化的发展。第二章探讨了中国文化传播的语言与文化基础,即中西方的语言与文化差异。第三章承接上文,研究了中国文化传播的重要途径——语言翻译,包括翻译基础知识、文化翻译的概念与误区、译者应具备的跨文化素养。第四章分析了文化因素对中国文化传播的深刻影响,即基于翻译角度,论述了文化差异对中西语言翻译实践的影响、文化因素影响下中西语言翻译实践的原则与策略。在上述章节内容的基础上,第五章至第七章针对中国自然文化、民俗文化、社交文化传播的翻译路径进行了详细分析,包括动植物、山水、色彩、节日、服饰、饮食、建筑、数字、人名、地名、称谓语、委婉语、禁忌语文化的翻译路径。第八章为本书的最后一章,重点研究了中国传统经典文化即传统中医文化、戏曲文化、诗词文化传播的翻译路径。

中国优秀传统文化在走出国门方面取得了长足进展,但与其魅力而言还相去甚远,还有很多因为不了解中华文化而对中国的误读。对此,为促进我国优秀传统文化的国际传播,对内需提高教育尤其是英语教育中的传统文化意识,提高国民素质,注重优秀文化的创新性挖掘;对外则需推进多层级的中外交流,以便向世界更好地"说明中国",这也是本书的主旨所在。本书语言通俗易懂,内容丰富翔实,实用性极强。无论是对于学生、教师还是致力于英汉翻译研究的专业人士而言,本书都有着重要的学习和借鉴价值。

本书在写作过程中参考了诸多与文化、翻译相关的文献资料,并引用了很多专家和作者的观点,在这里致以诚挚的谢意,并将参考资料列于书后,如有遗漏,敬请谅解。由于作者学识有限,书中疏漏之处实所难免,恳请广大读者不吝指正。

作　者

2021 年 11 月

目　录

第一章　英语语言与中国文化传播的时代背景

　　文化的传播离不开语言的助力。中国文化在长期的历史发展中积累了丰富的资源,我们应对这些资源给予足够的重视。虽然当代国际通用语言是英语,但中国的经济与社会发展速度很快,在国际上的影响力也越来越大。由此就迫切需要通过英语来传播中国传统文化知识,让更多的国外友人认识与了解中国的民族文化。为此,本章就重点分析英语语言与中国文化传播的时代背景,在解读英语语言与文化关系的基础上,探索中国传统文化的历史演变、文化全球化的发展,从而为下文的展开做好铺垫。

第一节　英语语言与文化的关系解读

一、语言与文化的基本知识

(一)语言

1. 语言的界定

　　希腊语用 logos 一词指"语言",也用这个词指"理性"。既没有理性又没有语言的动物则是 aloga,前缀 a-表示"缺乏""离开"。在日常生活中,"语言"一词的意义是松散的,从下面的例证中即可得到证实。

（1）没想到他竟然用那样刻毒的语言来辱骂邻居。

（2）我无法用语言来表达我此刻的心情。

（3）拉丁语是一种死亡的语言。

（4）我从来没有听人说过美国印第安人的土著语言。

（5）你知道为什么猫会像狗一样"汪汪"叫吗？——它是在学着说一种外国的语言。

观察语言的时候，我们首先遭遇的是某一种或若干种类的语言。比如，我们平时用于交流的汉语和英语等，它们是不同种类的语言。

可是，什么是语言学视域中的语言呢？我们应该如何理解语言？它是科学研究确定的对象吗？它是抽象的存在还是具象的模式？它是有待证实的理论或是毋庸置疑的结论？

历代语言学研究者都曾尝试界定语言学视域中的语言：梵语语法学家帕尼尼（Panini，约前4世纪）认为，语言有两种，一种是在具体场合说出来的话，即外显性的表达；一种是抽象的语言原则，即语言符号统一体。

巴尔特拉瑞（Bhartrhari）继承、发展并完善了语言符号统一体理论。他指出：语言的潜在性（kratu）犹如孔雀的蛋黄。在蛋黄里，五颜六色的孔雀以潜在的形式存在。只是到了后来，五彩的颜色才得以实现。同样地，语言（通过语音）终究呈现出部分与序列的形式。

古希腊卓越的斯多葛派（the Stoic）认为，语言包含三个方面。

第一，语言的声音或者材料，这是一种象征或者符号。

第二，语言的符号意义，即言说的内容。

第三，符号所代表的外界事物。

中世纪以思辨语法著称的摩迪斯泰学派（Modistae）认为，语言是约定俗成的，词形与词义之间没有天然的、内在的联系；自然界和语言结构都是有规律的，自然界和语言都具有自己的系统，都是由有限的单位按照有限的规则组成的。

通常，语言在现实的使用中涵盖了两种意义范畴：广义和狭义。

广义的语言至少包含三种意义。

其一，它可以指诸如梵语、藏语、俄语、汉语、日语、英语、法语、拉丁语等任一群体或集团内部的自然规约系统。

其二，它可以指诸如蜜蜂的语言、身势语言等具有引申意义或修辞性质的约定俗成的系统。

其三,它可以指诸如逻辑语言、数理语言、坐标语言等非自然规约的系统。

狭义的语言则是语言学的专门术语,是解构了言语体系之后的语言。言语体系(language)由两个部分组成:言语(parole)和语言(langue)。言语与语言区分理论是索绪尔为了明确语言学研究对象,为了建立独立的语言学科而创建的一个根本性的概念理论。按照索绪尔的观点:言语是指个人说话的行为,是言语器官发出的一定声音和一定意义内容的结合,是以说话人的意志为转移的个人组织活动。所以,言语表现出总体上的千差万别。它的无限多样性是由相同符号的反复出现所组成的,并逐渐呈现出一定的规律和制度。对言语的抽象结果便是语言。

在语言学史上,我们可以看到,有些研究者认为,世界上不存在抽象的语言,只有具体的语言,即交流中的语言。从他们的学术视野和出发点来看,这样的理解具有一定的合理性,他们关注的只是语言的工具性。但是,从普通语言学研究的观点出发,整个世界曾经的和现在的语言拥有一种自然的、共同的、抽象的存在,普通语言学关注语言的共性存在。

现代语言学研究证明,对语言的界定必须建立在索绪尔语言与言语的区分理论之上。前者以后者为前提,后者归属于前者,语言是作为言语的本质部分而存在于言语之中的。二者在性质上形成结构的统一。从语言与言语的关系中来规定语言的意义,并使之成为概念,这是真正实现对语言的本质特征和内涵做出确切逻辑规定的唯一道路。语言的各个要素,如语音、词汇、语法相互连接,维系语义,言语在语义的联系中保持着对语言整体的向心力。语言的展开状态其实就是揭示状态,它提供了语言整体所需要的可能性和亲和力。

在语言学研究的过程中,我们需要不断地重新提起"语言"定义的问题,而每一次提起都应该是在更高层次上的或者与近似前一次提问相反的或修正的,因为对"语言"进行界定实际上就是对语言本质的拷问,所以这个问题是真正源远流长,却又偏偏难以获得一个终结性答案的,语言学还能在怎样的程度上维持与承受如此致命的压力呢? 在索绪尔之后才真正确立为独立学科的语言学所面临的是本质问题的危机。无论如何,语言学似乎都应当迅速觉醒,要把研究对象转移到新的基础之上与新的观察视域之中,要在指认语言表现形式的同时,直逼语言之存在本身。

2. 语言的特征

(1)语言的生理特征

语言是信息系统,它在人际交流中,在传递各种信息时起重要作用。语言系统是可以操作的神经网络系统,而语言现象则是系统操作的输出(如说话),也可以作为系统操作的输入(如听话)。操作过程产生的记忆是系统激活路径连通权值、阈值改变的结果。语言系统的操作过程都是按生理规律自动进行的,都是输入信息(包括语言现象的输入信息)和系统激活延伸之间的互动过程。

系统操作可以有两种:一种是语言运用的操作,它对语言系统中连通权值的改变不大;另一种是改变权值,形成记忆,构拟语言系统的操作新路径。前者是语言运用,后者是语言发展,即语言习得。但二者都是系统的操作,所不同的是,第一种操作过程中,系统中路径连通权值改变不大,第二种操作过程中,系统中某些路径的连通权值有较大的变化。

在语言发展这一纵轴上,语言的生理机制也起着重要作用。我们知道了一些宏观的语言生理特征,也知道了和语言系统有关的一些微观生理特征,它们都能指证语言系统的存在及其存在的宏观框架,但是二者还不足以证明语言系统的层级组织的具体细节。但是,现象是可以直接观察到的,我们可以将语音录下反复放听,我们也可以将文字写出多次研读。这些可观察到的信息,将为语言系统及其操作原则的构建提供间接、有效的信息。由于构拟基础的间接性和构拟对象的多重性,通过对语言现象研究而推导出来的假设性系统,还必须通过语言生理特征的检验。

(2)语言的社会特征

语言的社会特征主要反映了人的社会性。在人类社会中,人被认定从属于一定的社会经济阶层。由于人类更多地和其他阶层的同伴交往,结果他们的社会行为形成了一定的大家都遵循的模式。这种社会交际具体反映在语言现象中,这些语言现象便具备了一定的社会特征。例如,美国社会经济地位和文化教育程度较低的黑人,他们的语言表达和通用标准美国英语有较大的差异。例如:

黑人:He been there before.

白人:He has been there before.

黑人：He be done left by tine time we get there.

白人：He will be gone by the time we get there.

由于操黑人英语的人社会经济地位低下，尽管黑人英语和白人英语一样有自身的规律，人们还是将这种语言现象和特定的社会经济地位联系起来。这种和社会经济地位相关的语言现象，我们称为社会方言。

语言的社会现象并不仅仅停留在方言的层面上，它有时还跨出方言的范畴，在不同的语言中出现。根朴兹等（Gumperz et al.）发现，语言的分类和他们的社会等级吻合。在这个社会语言环境复杂的村落中交际，村民必须同时能操几种语言；在美国生活的有些黑人同样也能够操几种社会方言。例如，一个黑人大学生可能既能说黑人英语的社会方言，也能说白人英语的社会方言。在他的语言系统中，一种概念或命题常常可以体现为两种不同的表达形式，即不同的社会方言变体。当他和白人导师讨论申请助学金时，他用的是白人英语。当他转过头来和黑人同学说话时，用的却是黑人英语。因此，必须有一定的机制让他能够对具体的情况做出自己的选择。这些机制在语言系统之外，存在于社会交际知识之中，并成为社会变体的选择条件。由此可见，语言的社会性至少包括语言系统中语言表达变体的选择关系，也包括选择这些语言变体的社会信息方面的激活条件。

语言系统内部的社会性主要表现在命题概念和各社会方言表达之间的体现关系。这种体现关系除了自身的符号功能关系外，没有理性对应关系。黑人说"He been there before."而不说"He has been there before."，并不是因为前句的表达形式和黑人本身的特性有什么内在关系。从这个角度出发，表达的内容和社会方言之间的关系是任意的。但是，内容和表达之间的如此任意性并不是说表达形式内部可以没有系统性。事实上，黑人英语和白人英语一样也是有规律的，其中包括表达语词之间的组合规律，以及表达内容和表达形式之间的体现规律。从语言系统内部看，社会方言表达形式和语言其他形式一样是有规律的，内容和表达之间不是任意的。但是，我们在更精细的平面上看，两个任意性所涉及的关系是不同的。

涉及语言表达变体选择的社会条件至少包括话语意图、交际者双方的社会关系、交际者自身的社会经济地位等。黑人学生和他的导师用导师的社会方言交谈是出于对教师的尊敬，而和同学交谈用同学的社会方言是为了互相之间的认同，二者都是为了谋求语言行为的最佳效果。如果白人导师和黑人学生一起去黑人区做社会调查。那么,出于该社会活动的目的,他们可能要考虑迁就被调查黑人的社会方言。当然,黑人学生也可以全然不顾社会关系和社会语境,而采用不合情理的表达变体。例如,他用白人社会方言和导师交谈,全然不顾被调查黑人的心理感受,以此表现出他的一种世俗的鄙视底层社会人士的社会态度。由此可见,社会方言的选择一般涉及交际目的、预期的交际效果和交际双方的社会关系,而话语者本身的社会地位可能只是社会关系中的一个条件。这些社会条件可以和其他各种条件一起组合成社会变体的选择条件。在不同人的头脑里,它们的权值不完全相同。

从系统操作的角度看,语言的社会性体现在语言交际过程中。中国学者比较钟爱这样一个定义,即语言是人类的重要交际工具。西方学者中的功能派对此也很认同。有必要澄清的是,人类交际工具各种各样,但它们均为身外之物;而语言是人本身的一部分,语言交际是人们通过信息承载体的转换让语言现象来为人类传递信息的。

谷德纳夫(Goodenough)认为,文化就是在社会情景中获得的知识和信念。社会文化知识当然也包括一部分常识(常用知识)和专识(专门知识)。广义的文化则是世界观的代名词,它包括了社会常识和专识,还包括一些没有特殊社会标记的知识和概念。但是,两种文化观都将文化和概念知识联系起来。

我们也认为,文化包括社会知识(常识和专识),这些知识同样是概念系统的一部分。它们在人类的社会活动中将概念系统和语言系统连接起来,并构成可以重复激活的经验。从信息操作的角度出发,语言系统中社会方言体现关系的变体,它们的选择条件和含社会文化知识的概念系统有关。由于神经的激活过程是双向的,从语言形式开始激活的信息和来自概念系统的社会文化、常识等信息将共同激活和构造语言系统本身。语言行为在构造和完善语言系统的同时,也构拟和不断调整着概念系统(包括各种知识系统和社会活动等)。正如人在具体的社会文化环境中生活、活动一样,人类语言系统的发展伴随着社会文化概念系统的发展而发展,两个系统的互相激活又让二者在自己的关系路径中包含了对方的部分连接关系特征。

(3)语言的思维特征

如果我们将思维看作一种过程,那么思维过程可以是有意识的,也可以是无意识的,而语言的全过程则是有意识的。有意识的语言过程在一定程度上受到人类意志的控制,但无意识的思维过程便无法受到意志的控制。所以,无意识的思维无法等同于语言。如果思维过程包括记忆和激活调用,那么有事实证明,这两种过程都可以不涉及语言表达。具体表现在两个方面:两种过程可以是无意识的,记忆内容无法用语言表达激活再调用。

我们举证了思维和语言的差异。那么这种差异有没有生理证据呢?我们的回答也是肯定的。福德等提出了一个"思维语言"假设。他们的假设包括两个部分:信念、意愿意图是大脑真实的心理和物理表征,而显性行为则源于这些表征,这些表征具有和意图物体相似的组织特征。

从大脑神经的生理基础出发,这些"真实表征"应该是概念。概念可以组成层级,不同的概念通过共享的概念特征而连通。神经网络也是一种层级组织,神经元也可以和许多其他神经元连通。如果我们想睁开眼睛,那么我们首先要有这个意图概念。这个意图概念激活"睁开动作"概念和"眼睛"概念。当然,我们也可以闭上眼睛,但这两个意图中的概念"眼睛"是不变的,它同时和这两个不同意图连接,既可以和动作概念"睁开"组合,也可以和动作概念"关闭"组合。当然,这些概念必须同时和许多大脑功能区的系统连接,连接的部分除了命令动作的运动系统,还有语言系统、视觉系统等。如果有人叫你闭上眼睛,语言系统通过理解过程激活相关的概念,再由概念激活运动系统,完成闭上眼睛的动作。当然,你还可以效仿他人的动作,同时告诉他人"闭上眼睛"。这时视觉信息激活了概念,概念同时激活了运动信息和语言信息。运动系统指挥关闭的动作,而语言系统则加工输出语言现象"闭上眼睛"。那么,我们说的这些神经过程是否在大脑中存在呢?语言系统和概念系统是否有不同的生理承载体呢?我们的回答是肯定的。

(二)文化

"文化"一词是随着人类历史的发展而不断丰富起来的。

在中国的古籍中,"文化"一词源于"文"和"化"两个字。"文"即指文字、文章、文采。《说文·文部》曰:"文,错画也。象交文。"《左传·昭公二十五年》注:"青与赤谓之文,赤与白谓之章,白与黑谓之黼。"后又指礼乐制度、法律条文等。"化"是"教化""教行"的意思。教行于上,则化成于下。《老子·第五十七章》曰:"我无为而民自化。"

至近代,社会学、人类学、哲学、社会心理学等从各自学科的视角来给"文化"一词下定义。文化在文化学或人类学中的定义通常是指人类社会区别于其他动物的全部活动方式以及活动的产品。但在实际的文化研究领域,由于文化要素复杂,内涵广泛,专家给出的定义不胜枚举。到现在为止,专家学者下的定义已有300多种。

西方近现代人类学家、社会学家和社会心理学家对文化的认识呈现出多角度、动态性的特点。1952年,美国文化学家克罗伯(A. L. Kroeber)和克拉克洪(C. K. M. Kluckhohn)发表《文化概念和定义的批评考察》一文,考察了自1871年至1951年期间的关于文化的160多种定义,并做了评析。在此基础上,他们给文化下了一个较为全面、科学的定义:

(1)文化由外显的和内隐的行为模式构成。

(2)这种行为模式通过象征符号而获得和传递。

(3)文化代表了人类群体的显著成就,包括他们在人造器物中的体现。

(4)文化的核心部分是传统的(即历史的获得和选择的)观念,尤其是他们所带来的价值。

(5)文化体系一方面可以看作活动的产物,另一方面则是进一步活动的决定因素。

这一文化的综合定义基本为现代东西方的学术界所认可,有着广泛的影响。

综上所述,我们可以得出这样的结论:"文化"作为一个概念,可以有广义和狭义的理解。狭义的文化,一是指社会意识形态层面上,人类一定范围的社会群体中所具有共性的价值观、行为准则和行为方式,也是个人行为能力为集体所接受的共同标准;二是指在此基础上建立起来的社会组织结构和社会制度。广义的文化还包括社会意识形态借以形成的物质基础——社会生产力和生产方式的直接产品。人类在生存实践中不断地认识自然、改造自然及改造自身以适应自然,从这个意义上来说,人类在社会实践中形成的一切物质遗产都是文化的组成部分。因此,我们对文化取其广义的理解——包括精神和物质两个方面。①

---

① 雷淑娟. 跨文化言语交际学[M]. 上海:学林出版社,2012.

1. "文化"的狭义定义

苏联哲学家罗森塔尔·尤金在其编写的《哲学小词典》中指出:"从比较狭隘的意义来看,文化就是在历史上一定的物质材料生产方式的基础上发生和发展的社会精神生活形式的总和。"

我国 1979 年出版的《辞海》基本上采用了该说法。2015 年出版的《现代汉语词典》(第 6 版)在解释"文化"的定义时指出:"特指精神财富,如文学、艺术、教育、科学等。"查阅《中国大百科全书》,其指出:"狭义的文化专指语言、文学、艺术及一切意识形态在内的精神产品。"

1871 年,英国人类学家爱德华·泰勒(Edward B. Talor)在《原始文化》一书中指出:"文化是包括知识、信仰、艺术、道德、法律、风俗及作为社会人员的人所习得的任何其他能力和习惯在内的复合整体。"这是狭义的"文化"的经典定义,是一个里程碑,具有深远的影响力。

综上所述,狭义的"文化"指的是人精神层面的东西,如人的精神、思想、信仰、道德、观念、情感等。表面上,这些精神层面的东西是看不见、摸不着的,它们需要一定的外在的载体、媒介来体现,如某种(某些)具体的物质、语言、音乐等。或者,换言之,语言是一种特殊的文化。

2. "文化"的广义定义

"文化"一词,德语为 kultur,英语为 culture,源自拉丁语词 cultura,原意为耕作、培养、教育、发展、尊重的意思。而拉丁语 cultura 又是由拉丁语 cultus 演化而来的。cultus 含有为"敬神而耕作"与"为生计而耕作"两个意思,因而该词具有物质活动和精神修养两个方面的含义。

可见,"文化"的词义既包括物质生产活动,又包括精神方面的内涵。梁漱溟先生指出:"文化,就是吾人生活所依靠的一切。"

culture 一词有多重含义,既包括精神活动领域,又包括人类物质生产活动。2004 年出版的《牛津高阶英汉双解词典》(第 6 版)对"文化"一词相对应的 culture 的解释有所变化,在每一项释义前单独列出了概括式的解释,并用大写、蓝色字体标明,如下:

WAY OF LIFE 生活方式

the customs and beliefs, art, way of life and social organization of a particular country or group 文化,文明(指国家或群体的风俗、信仰、艺

术、生活方式及社会组织)。

a country,group,etc. with its own beliefs,etc. 文化(指拥有特定信仰等的国家、群体等)。

ART/MUSIC/LTTERATURE 艺术;音乐;文学。

art,music,literature,etc.,thought of as a group 文化(艺术、音乐、文学等的统称)。

BELIEFS/ATTTUTDES 看法;态度。

the beliefs and attitudes about sth. that people in a particular group or organization share 文化(某群体或组织的一致看法和态度)。

GROWING/BREEDING 种植;养殖。

(technical 术语)the growing of plants or breeding of particular animals in order to get a particular substance or come from them 种植;栽培;养殖;培育;……①

值得注意的是,以上英汉双解释义除了包括狭义的"文化",即精神活动领域,也包括种植、栽培等人类物质生产活动,还增添了一个释义"文明",在解释英文时,用汉语写了"文化""文明"这两个词,言下之意是,culture 指的是汉语中广义的"文化",与汉语中的"文明"词义更为切近。

要全面把握"文化"这一术语的定义及其在运用中的变化,我们还需理解一个与它关系极其密切的概念——"文明"。从词源学上追溯"文明"一词的来龙去脉,可参考徐行言在《中西文化比较》中的论述:汉语中文明一词早在《尚书》和《易经》中即已出现。《尚书·舜典》称舜帝"浚哲文明,温恭允塞,玄德升闻,乃命以位"。其疏曰:"经天纬地曰文,照临四方曰明。"《周易·乾·文言》中有"潜龙勿用,阳气潜藏。见龙在田,天下文明"之句,孔颖达解释为"天下文明者,阳气在田,始生万物,故天下有文章而光明也"。另《周易·大有·象》有"其德刚健而文明,应乎天而时行,是以元亨"。《周易·贲·象》曰:"刚柔交错,天文也。文明以止,人文也。"其含义均近乎文采光明,文德辉耀。至清初李渔《闲情偶记》中"求辟草昧而致文明,不可得也"之句,开始隐含与蒙昧相对的有文化状态的意味。②

通过以上梳理,我们大致了解"文明"一词囊括了对物质方面和精神

---

① 杨德爱.语言与文化[M].昆明:云南大学出版社.2020.
② 张凤江.文化哲学概论[M].天津:天津人民出版社.2016.

方面都进行创造的双重意义,接近于今天人们通常理解的广义的"文化"。借此我们也就理解了为什么古代中国、古埃及、古巴比伦、古印度被称为四大"文明古国",而不称为"文化古国"。

　　需要指出的是,"文化"一词在现当代的广泛运用,尤其是在学术研究如文化研究、人类学研究(特别是语言人类学、文化人类学等)、比较研究等方面,与西方的文化理论、人类学理论等相关思潮紧密相连。前文提到的1871年出版的《原始文化》中的"文化"定义被视为具有里程碑意义的经典,其作者即英国人类学家爱德华·泰勒,他被称为"英国人类学之父"。自人类学诞生之日起,文化的概念一直都是人类学的基础。马林诺夫斯基认为文化是具有满足人类某种生存生活需要功能的"社会制度",是人们推行的一套有组织的风俗与活动的体系。他认为文化主要包括:物质文化、精神方面之文化、语言、社会组织。文化的功能就是满足人民生产生活各个方面的诸多需要。

　　著名的语言学家萨丕尔(Sapir),也是人类学家,他对"文化"的概念做了如下论述:"文化"这个词似乎有三个主要的意义或意群。首先,文化被文化人类学家和文化历史学家专门用来涵盖人民生活中的所有社会继承元素,包括物质的和精神的。"文化"的第二种用法流行更为广泛,它指的是一个相当传统的个人修养的理想,这种理想建立在少量被吸收的知识和经验上,主要由一组典型反应构成,这组反应需被某一阶层、某一长期存在的传统所认可。文化的第三个用法最不容易定义,也最难给出令人满意的阐释,这可能是因为就连那些使用它的人也很少能够解释清楚他们所说的文化到底是什么意思。第三种意义上的文化与第一种专门意义上的概念相似,强调群体而非个人所拥有的精神财富。可见,萨丕尔更偏向从人类学学科角度来理解"文化"的定义,同时他既讲了广义的文化,也说了狭义的文化,他所指出的"文化"的三种定义都具有社会属性。

　　被称为"美国人类学之父"的博厄斯(Franz Boas)及其学生们如米德、本尼迪克特等对文化相对论、文化模式等的研究影响深远。博厄斯在论述了前人研究成果后指出:"文化就是这样一些由人为自己编织的意义之网。"从而,把所有与人(马克斯·韦伯提出,人是悬挂在由自己所编织的意义之网中的动物)相关的都置于这张"网"中,探求其意义并加以解释、析解,即分析解释表面上神秘莫测的社会表达。

　　综上所述,广义的"文化"涵盖面非常广泛,指的是人类社会发展过程中创造的物质财富和精神财富的总和。用通俗的话来说,我们可以概括为:人所创造并共享的一切活动及其结果都是文化。

需要说明的是,我们在此梳理、划分文化的狭义和广义定义,仅是为了行文表达的方便,二者是相对的,不能把它们割裂开来。在逻辑上,狭义的文化从属于广义的文化,与后者存在着不可分割的联系。在具体研究人的精神层面的东西时,不能忽略物质创造活动的决定作用和基础意义,这是历史唯物主义文化观及方法论的一个基本要求。①

3. 文化的层面

语言学者莉奈尔·戴维斯(Linell Davis)认为:"文化是价值、信仰、文化模式、行为等的集合,在这一集合中,人们可以进行相互的学习与分享。"②

美国学者拉里·A. 萨姆瓦等人(Larry A. Samovar et al.)认为:"文化是人们经过不断努力而积累下来的价值观、信念、知识、经验等的结合体。"③

学者威廉姆斯(Williams)指出,目前文化主要用于如下三个层面。④

(1)对精神、知识、美学等加以描述。

(2)表达一种生活方式,可能是一个时期,可能是一个民族或者可能是整个人类的生活方式。

(3)对智力加以描述。

4. 文化的分类

同文化的含义一样,文化的分类也是一个颇有争论的问题。最常见的是"两分法"和"三分法"。即使是"两分法"或"三分法",其类别名称仍有很大的不同。

---

① 杨德爱. 语言与文化[M]. 昆明:云南大学出版社,2020.

② Davis,Linell. *Doing Culture—Cross-Cultural Communication in Action*[M]. Beijing:Foreign Language Teaching and Research Press,2004.

③ Samovar,L. & Porter,R. *Communication between Cultures*[M]. Belmont,CA:Wadsworth Publishing Company,1995.

④ Raymond Williams. *Keywords:A Vocabulary of Culture and Society*[M]. London:Fontana Press,1983.

影响最大的有三种归类名称：

(1)广义的文化和狭义的文化。

(2)物质文化和精神文化。

(3)社会文化和精神文化。

三分法的归类名称更复杂,最有影响的亦有三种：

(1)物质文化、制度文化、精神文化。

(2)物质文化、精神文化、艺术文化。

(3)认识文化、价值文化、审美文化。

认识文化的基本范畴为"知",其价值体现于一个"真"字;价值文化的基本范畴为"意",其价值体现于"善";审美文化的基本范畴为"情",其价值体现于"美"。三种文化分别以"知、意、情"为基本范畴,以"真、善、美"为最高的价值体现。

以上的分类,从理论上说虽然都能自成体系,并各有理由,但运用到对具体文化现象的分析时就显得捉襟见肘,难以自圆其说。

从实用性方面讲,不妨把文化分为精神文化和风俗文化。精神文化即是人们通常所说的意识形态,如哲学、科学、文学艺术之类,这些都是人的脑力劳动的结晶。风俗文化则是流动于人们日常生活中的。它有物质方面的,也有观念、习惯方面的,但不管包含多少广泛的内容,均与人们的衣、食、住、行相联系,而恰好是衣、食、住、行的物质资料与衣、食、住、行的观念习惯相结合,体现出一时一地的风俗面貌,反映出生活的全景。[①]

5. 文化的特性

无论"文化"有多少种定义,无论是"文化"狭义的定义还是广义的定义,都不影响文化的特性。

(1)文化的核心是人

文化的核心是人,是人创造了文化,也只有人才能创造文化。文化是人类特有的,是人类智慧和创造力的体现。人(作为社会成员的人)创造、形成并运用、共享文化,也受约束于文化,被文化形塑,最终又不断地改造发展文化。如果没有人的主动创造和改变,文化便会失去生命、活

---

① 陈仲庚. 中西文化比较[M]. 广州:羊城晚报出版社,2015.

力和光彩。因此,我们在讨论语言与文化时,一定要通过语言看到语言背后的人——语言的使用者,包括说者和听者,双方的文化对语言交流有一定的影响。

(2)文化是后天习得的

1871年,泰勒在《原始文化》一书里给出的文化定义中,最关键的一点是文化作为社会成员的人所习得。习得,指的是通过后天学习而获得,而非通过先天遗传,这样的习得是在特定的社会成长中获得各种文化传统、文化属性。文化人类学把孩子学习文化的过程称为"儒化"。可以习得的文化经过儒化过程而代代相传。有时候,文化被直接传授。例如,父母教育孩子说,小孩子要懂礼貌,见到认识的人要喊人,要懂得恰当地称呼对方"爷爷/奶奶""叔叔/阿姨""哥哥/姐姐"等。

(3)文化是共享的

文化并不是个体自身的属性,而是个体作为群体成员的属性,文化只有在社会中才得以传递、共享。《人类学——人类多样性的探索》一书第13章有专门讲"文化"属性的内容,讲解精辟而通俗易懂:分享共同的信仰、价值观、回忆和期望,把成长在同一文化中的人们联系起来。

今天的父母都是昨天的子女。从父母那里接受儒化过程的子女们当了父母之后,他们就变成了下一代子女儒化的媒介(传播者、传授者)。虽然文化并非一成不变,但是这种基本的信仰、价值观、世界观及子女教育实践却是长久保持不变的。而且,共享的文化背景是非常有影响力的。我们看到,在异国他乡,人们都更愿意也更容易与跟自己来自同一国家、地区的人交往。正如美国人类学家康拉德·菲利普·科塔克所言:"长着同样羽毛的鸟儿常常聚集在一起,对于人来说,文化就是人类自己的羽毛。"①

(4)文化是象征的

象征,对文化及人类其他方面的习得都是非常独特而重要的。象征是某种口头或非口头的事物,在特定语言或文化中,用来表示另外的某个事物。象征及其指代物之间没有明显的、天然的或者是必然的联系。例如,有一种动物,在汉语里我们称为"狗",英语里称为 dog,其他语言里又有其他的叫法,这些叫法之间没有天然的关联。象征通常是基于符号的,文化中最重要的符号就是语言,即用词语代替具体指代的对象。

---

① 杨德爱. 语言与文化[M]. 昆明:云南大学出版社,2020.

不使用语言，人们无法让一个不在场的人较为清楚地了解事件、情感及其他经历。

当然，除了语言，象征也有非语言形式的符号体系。例如，交通路口设置的红绿灯，红灯停，绿灯行；商场里商品的价格只需表示数字就可以了，而不是真的拿现金摆在商品旁边来体现等。以象征的方式思考、运用语言并使用工具和其他文化形式，以组织、适应自己的生活并协调周围的环境，这是人类生活的常态，其中象征的重要性非同一般。美国人类学家格尔茨就将文化视为一种象征体系。

（5）文化是整合的

文化是整合在一起的模式化的系统。如果这一系统的某部分发生了变化（如经济、社会方面），其他部分也会相应发生变化。以前我们有句俗话说"早发财不如早生子"，在民间，特别是农村，女性多会在二十多岁结婚、生子。今天，我们也会在婚礼上祝福新婚夫妇"早生贵子"。但是，晚婚晚育已经变得越来越普遍了，尤其是在大城市。人们对婚姻、家庭的态度和行为的变化与社会发展、经济变迁等是分不开的。因此，文化并非孤立的，而是整合的。①

6. 文化的功能

文化具有重大的功能，进步的文化对社会发展有积极的推动作用，这叫正功能作用；腐朽没落的文化对社会进步起阻碍作用，这叫负功能作用。就正功能来说，主要有如下几点。

（1）认识功能

文化在认识社会、认识人生价值上有重大作用。进步的文化能帮助人们正确地认识社会，或对社会采取批判、革命、改造的态度，或采取扶植、建设、完善的态度。文化越发展，就越能提高人民的素质，充分发挥个人的主动性和积极性，努力为社会进步做出贡献。

（2）整合功能

文化的发展帮助人们在思想上、行为上趋于一致。生活在同一社会制度下的人们，在认识上能趋于一致，文化起了一定的作用。对某一社会问题，大多数成员能取得一致看法，采取一致行动，并努力去解决它，

---

① 杨德爱. 语言与文化[M]. 昆明：云南大学出版社，2020.

正是这种功能的表现。例如,文明礼貌活动、优质服务、提高职业道德水平等,都与文化的整合作用有关。

(3)改造功能

文化在改造客观世界和人的主观世界方面起了很大作用。发现和利用自然规律从而达到改造自然的目的,均与文化的传播有关。对社会,当某一社会制度正逐渐显露其腐朽性时,新的文化运动就成为批判旧社会、呼唤新社会诞生的先导;当一个新社会诞生后,先进的文化则能帮助这个新社会巩固、发展和完善。

(4)发展功能

文化不仅帮助人们认识社会,而且也能对社会结构和社会生活提供蓝图,使社会行为系统化。人一生下来,就踏进了社会化过程。这个过程就是学习和继承文化的过程,是在前人创造的文化基础上,以此作为起点向前迈步的。新的一代人,根据时代的需要,对原有文化采取"扬弃"的态度,继承其先进合理的积极因素,批判其过时的消极因素,向前推进文化的发展并因此而促进社会的进步。①

当然,对落后文化的腐蚀作用也绝不能轻视,而要真正消除落后文化的消极影响,必须利用先进文化的改造功能。

二、语言与文化的关系诠释

(一)语言是文化的编码

语言本身是一个封闭的符号系统。语音区别特征构成了音位(phonemes),音位构成了词素(morphemes),词素构成词(words),词构成了句子(sentences),句子构成语篇(texts),语篇构成对话、故事、小说直至百科全书。这个封闭的系统之所以能与人的经验世界发生关系,对经验文化进行语言编码,主要就是因为它是一种符号的系统,它可以对外在的现实进行思维切分(mental segmentation)、类比联想(analogical association)。这就是说,语言符号具有一种将外在现实进行心理编码的能力。

---

① 陈仲庚. 中西文化比较[M]. 广州:羊城晚报出版社,2015.

社会学告诉我们，人是不能生活于他所无法认识和理解的世界的。人一旦对自己身处的世界无法理解，便会产生焦灼感，甚至心理障碍，直至自杀。难怪笛卡尔（R. Desoortes）说："我疑故我思，我思故我在。"①将外在经验现实转化为内在的心理现实的机制就是语言对文化的编码。从这个意义上来讲，人似乎是在依靠物质而生存，依赖语言编码而生活。人对文化现实的语言编码主要有两种方式：理据性编码（motivational codification）和任意性编码（conventional codification），又称"约定俗成性编码"。

（二）语言交际是文化传播的手段

语言交际与文化的关系恰好是跨文化交际的重要内容。跨文化交际这一现象并不是近期才出现的，而是自古就有。随着人类不断进步，跨文化交际的内容、形式等也在不断改变。在当今时代，跨文化交际的手段和内容变得更为丰富。通过跨文化交际，国与国之间可以相互交流，这种交往的过程是十分复杂的。

虽然交流的时空距离在不断缩小，但是人们的心理距离、文化距离并没有随之缩小。由于受文化取向、价值观念等的影响，文化差异导致了一些冲突和矛盾的出现，不同文化背景下人们的交流面临着严重的障碍。

第二节　中国传统文化的历史演变

世界上每一个国家、每一个民族都有自己的独特传统，都有自己的独特文化。文化的多样性是历史与当代世界的客观事实。各民族文化也是世界文化中不可或缺的一部分。既然存在文化差异，那么必然会有冲突与融合。

---

① 张维鼎．语言文化纵论［M］．成都：四川辞书出版社，2002.

一、两汉时期的文化发展

（一）张骞出使西域

两汉时期，中西文化交流出现了一个生机勃勃的局面。就中国而言，这一局面形成的关键就在于张骞出使西域。

"西域"一词，最早见于西汉，其涵盖面则分狭义、广义两种。狭义的西域，是指玉门关（今甘肃敦煌西北）、阳关（今甘肃敦煌西南）以西，葱岭以东，即今天巴尔喀什湖东、南和新疆广大地区。广义的西域，则包括葱岭以西的中亚、西亚和南亚的一部分，乃至东欧、北非地区，是中国当时对西方的统称。汉武帝刘彻（前 140—前 87 年）在位时期，西汉经过数十年休养生息，国力渐达巅峰状态。武帝听说匈奴击败月氏后，用月氏王的头颅作饮酒的器具，认定月氏人一定对匈奴恨之入骨，因而计划联络月氏，共击匈奴。执行这一重大使命的任务，就落在张骞身上。在出使的 13 年里，张骞虽然没有达到联合其他民族的目的，但是为中西文化交流打开了一个通道。

（二）两汉时期的文化往来

1. 丝绸的输出

对于西方地中海世界来说，中国就是产丝之国；在一定意义上，汉文化也就是丝绸文化。沿着丝绸古道，中国大量丝货源源西运，流向中亚、南亚、西亚和北非，直到地中海世界。从中国运往罗马的丝货，都先要经过埃及。因为当时的埃及，属于罗马统治下的亚历山大地区。作为东西方交通与贸易的枢纽，罗马输往东方的货物大都从亚历山大运往东方各地；来自中国、印度和阿拉伯、波斯的货物也以这里为最大的集散地。由于长期受中国大量丝货西流的影响，西方一些文明先进的民族和地区，不仅求购中国丝织品，而且刻意仿造中国丝货。不过，当时埃及和罗马的简单织机虽能织出透明的轻纱，却织不出中国的花纹。后者需要中国的提花机方能织出。大约在 3 至 7 世纪，中国的提花机传入埃及。此外,丝织机的踏蹑设备也是我国最早发明的,而埃及原来一般使用的立机无法安装这种设备,后来引入了中国的平机,才采用了此种装置。

2. 西方的物品与信息的输入

当中国的丝绸产品由海陆两路源源西进的时候,来自遥远的西方的物品与信息也不断传入中国。罗马运来中国的珠宝类船货,大多产自埃及和地中海、红海地区。以珊瑚为例,古代西方文献中记载,早在公元初年,珊瑚就成为罗马帝国运往印度的重要输出物。在大量吸收中国丝货的同时,西方的罗马人也将自己的各种优质纺织品运往中国。亚历山大等地的织工,善于用金线织绣毛织品、丝织品,运到中国被称为金缕绣,华美瑰丽,被列为上品。

二、唐宋时期的文化发展

(一)唐宋文化的繁荣

在整个唐代时期,受外来文化的影响是非常大的,从文学艺术到生活各个层面,都可以看到外来文化的影子。由于有大量的移民,商贸往来也十分频繁,西域各个国家、民族文化对长安、洛阳等地有着十分深远的影响,尤其是南北丝绸之路的沿线地区。正是由于中外文化的交融,促使出现了开放的风气,这对于一些作家的文学题材、文学风格等产生了非常明显的影响。

唐代的人们对于人生的态度是非常积极的、进取的,随着国力的不断增强,一些人也开始了崭新的人生。例如,一些人进入仕途的方式也比之前多了很多的途径,除了应试,还有其他一些方式,如入地方街镇幕府等。也正是途径的增多,很多寒门人士也有了更多的机会,他们开始进入文坛,使文学的圈子不断扩大,开始走向民间。

唐朝初年,设立史馆,出于以史为鉴这一目的,开始修习《陈书》《梁书》《周书》等五史。后来又以太宗御撰的名义对《晋书》进行修习,通过私修官审的形式对《南史》与《北史》进行修习。八史的修撰为修史提供了丰富的经验,不久之后刘知几的《史通》这本书就出版了,对史学问题进行了广泛的论述和描写,反映了当时人们的一种求实的倾向。这种倾向同步于文学的潮流。显然,初唐的文学逐渐向着反伪饰的方向发展。

唐代的绘画、书法也是非常繁荣的,这也对文学产生了影响。我国的书法,讲究风韵,对于化境也是非常追求的。初唐的书法也出现了很多名家,如虞世南、欧阳询等人,可谓群星齐聚,是我国书法的一大高峰。其中张旭和怀素草书更能够彰显唐朝的精神风貌,书法中这种恣意的态度与盛唐诗人李白等人的风貌是非常相似的。

(二)唐宋时期的文化往来

1. 唐朝的盛况

由于海、陆两种交通的空前发展,唐代政府又以恢宏的气度对外来文化采取包容广蓄的开明态度,因而大大刺激了中国同西方各族人民的交往与交流。

(1)丝织品的输出。沿着丝绸之路西去的中国货物当中,丝织品自然仍占重要地位。唐代丝织技术非常高超,产品名目繁多。锦、绣、绫、绸、绢等织品花纹绚丽、织工繁缛;同时还发展了蜡缬、夹缬、绞缬、拓印等新式印染工艺,在印染方面开辟了新的天地。

(2)瓷器的输出。从唐代开始,瓷器在中国对外输出中,逐渐成为大宗货物。陶瓷文化西传,也日益发挥重要的作用。阿拉伯人十分喜爱中国瓷器。

唐代的青瓷、白瓷和彩绘瓷器都曾远销西方阿拉伯乃至地中海地区。青瓷以浙江越州(今余姚)为主,黄褐釉瓷以洪州(今江西南昌)见长,而长沙铜官窑的斑彩更是别具一格。所有这些瓷器在西传过程中都大受欢迎。

(3)纸和造纸术的输出。特别要指出的是我国的纸和造纸术的西传。纸是中国的伟大发明之一,5世纪初,已经沿丝绸古道西传到新疆。最晚在6世纪,新疆已经有了当地自造的纸。大约在7世纪,造纸术已从新疆外传到中亚地区的撒马尔罕。

2. 宋代的发展

(1)瓷器的西传。宋代华瓷的产量之大、品种之多、花色之繁、质量之优,均独步世界,加以适合海上巨舶运输,因而远销西方。

中世纪的亚、非、欧广大地区的人民都十分喜爱中国瓷器。各国的统治者在宫廷中收藏精美的中国瓷器,普通百姓则在日常生活中大量使用中国瓷器,诗人和作家们更在自己的作品中赞美中国瓷器。

(2)指南针的西传。在公元前 3 世纪,中国就已发现了磁石的吸铁功能。1 世纪初,王充在《论衡》中指出了磁石的指极特性,发明了"司南"。宋代沈括在《梦溪笔谈》的记载中,已记述了四种实验,在各种不同的情况下应用指南针。其中的水浮法,用磁针横贯灯芯草浮在水上,最早使用在航运业中。

(3)印刷术的西传。大约在隋唐之际,我国发明了雕版印刷术。7 世纪 40 年代,玄奘大师印制普贤像,每年印数在万张以上。从 9 世纪开始,我国民间印书的风气渐开。著名诗人白居易等人的诗集,都在扬州、越州刊印。

北宋庆历年间,毕昇发明了活字印刷术,完成了印刷技术上的一次飞跃,对世界文化做出了又一重大贡献。中国印刷术的西传,对于日后欧洲文艺复兴和资产阶级启蒙运动等文化活动具有极大的意义。

三、元明清时期的文化发展

宋元时期,四大发明是借助阿拉伯人传入西方的。四大发明的西传直接导致了欧洲文艺复兴运动。以四大发明为代表的中国先进文化的西传,催生了西方资产阶级以及西方的近代化。

明初,明成祖朱棣实行对外开放的政策,这时候海上贸易频繁。郑和就七次下西洋到过多个国家与地区,与其进行经贸往来,主要是输出中国先进的物质文化、制度文化和精神文化。

四、近代中国文化的发展

(1)洋务运动。以林则徐为代表的先进人士首先提出向西方学习,发起了旨在自强自救的洋务运动。

(2)辛亥革命。甲午中日战争的失败说明,洋务运动只引进物质文明,无法从根本上挽救民族危机。于是有了以康有为和梁启超为代表的维新变法运动,有了辛亥革命。

(3)五四新文化运动。新文化运动倡导民主和科学,标志着中国人对西方现代文明的理解已经达到了思想文化的深层结构。

第三节　文化全球化的发展

文化全球化指的是文化在全球范围内传播的过程,是人与人以及人与文化、彼此的思想、价值观和生活方式的相互接触以前所未有的方式不断增加和深化的过程。来自远方的文化形象竟然也能在家里的电视屏幕上或是在附近的电影院里活灵活现地展现,世界更像是个"地球村"。外国的文化也不再像以前那样陌生,当地的社区也不再是一个小小的文化孤岛。于是,全世界人民都面临着一个空前的能让本族文化大发展的机会,同时本族文化也面临着一个空前的挑战。

全球化对文化的影响已变成各派学者热烈讨论的话题。其中有三派学者深入且具有批判性的分析引起了我们的关注。下面简要介绍一下各派的主要观点。

一、"全球化狂热者"关于文化全球化的观点

斯蒂格(Steger,2003)把第一派学者称为"全球化狂热者",他们把冉冉升起的"全球文化"描绘成一幅绚烂画卷,认为"全球文化"正在迅速改变着世界文化的面貌。其中一些人狂热而自信地认为文化全球化就是西方文化必然的、全面的胜利,西方价值观和生活方式将一统天下。他们容易得出一个简单而直接的公式:全球化=西化=美国化=麦当劳化。也就是说,他们认为全球化就是全盘西化的过程,而西化实质上就是美国化,美国化又可以简单概括为"麦当劳化"。"麦当劳化"这个提法是美国社会学家乔治·里兹(George Ritzer)1993年创造的,用来描述当代社会文化所遵循的快餐工业基本原则——创建统一的商品,执行统一的标准,这种文化在美国和其他地区形成了其文化的轮廓。

为了支持其观点,"全球化狂热者"指出,世界各地的年轻人穿着李维斯的牛仔裤和耐克运动鞋,戴着德士古棒球帽,身着芝加哥公牛队的长袖运动衫,经常看音乐电视,看电影就要看好莱坞大片,吃饭经常去的就是麦当劳和必胜客,这一现象证明美国的个人主义和消费主义通过全球化得以更自由地传播,被更广泛地接受。他们强调,主要由美国利益集团控制的全球通信工业为形成此种文化同质化提供了便利。据报道,2000年,"仅美国电话电报公司、索尼公司、美国在线/时代华纳公司、贝塔斯曼、自由媒体、威望迪环球公司、维亚康姆集团、通用电气、迪士尼公司、新闻集团这十家大型综合性企业的营业收入就占据了世界通信工业全年2500亿到2750亿美元的三分之二还多。[①]

"全球化狂热者"还特别强调了美国娱乐工业在传播美国流行文化时发挥的重要作用。正如1999年联合国《人类发展报告》所述,美国最大的单一出口工业不是飞机,不是汽车,不是计算机,而是娱乐。尽管印度的宝莱坞每年出产的电影数量世界第一,但美国好莱坞电影却能覆盖到世界市场每个角落,它的营业收入50％以上来自海外。到20世纪90年代末,好莱坞宣称占据了拉丁美洲83％的电影市场,占据了欧洲72％的电影市场和50％的日本电影市场。而美国的电影院却鲜见放映外国电影,外国电影在美国市场的占有率还不足3％。全球化狂热者强调,美国流行文化的传播是无法停止的,也是无可争议的,因为美国和其他国家之间,在文化传播能力方面存在弗莱德里克·詹姆逊(Fredric Jameson,1998)提出的"根本的不均衡性",他自信地认为在这个领域这种"不平等性"会永远存在,因为其他地区的娱乐产业几无可能通过建立全球性的成功模式来排挤掉好莱坞。

詹姆逊希望我们记住,好莱坞不仅仅是一个赚得盆满钵满的商业名字,更代表着晚期资本主义根本的文化革命,在这一革命进程中,旧的生活方式被打破,新的生活方式正在建立。换言之,好莱坞输出的不仅仅是娱乐,还有美国的文化工人精心构建的文化价值观。这无形中对民族本土文化形成了潜在威胁。这就是为什么连一些西方国家如加拿大、法国都立法保护本国文化多样性和国家特质,限制美国文化产品的进入。人们可能还没注意到,一场博弈正在上演,巨大的美国文化利益正试图打开各国大门,让美国的电影、电视、音乐等涌入他国,而某些单一民族

---

① B.库玛.文化全球化与语言教育[M].北京:北京语言大学出版社,2017.

国家正把保护和发展本国语言和文化放在首要位置,以减少美国大众文化校准力对本国的从物质层面到社会精神层面的影响。

一份联合国教科文组织(UNESCO)大会决议可以很好地证明这场博弈正在上演,大会决议采用一项新的协定来保存和保护文化表达的多样性,这项协定授权各国采取行动保护本国文化产品和服务的特殊性。这项协定以148票通过、2票反对、4票弃权通过。美国就是这两个投反对票的国家之一,因为美国担心这项协定将被用来阻碍好莱坞电影和其他文化产品的出口。根据英国广播公司的在线调查,法国文化部部长雷诺·多内迪厄·德瓦布雷提出:一个国家有权力设定自己国家节目来源的配额,因为这个世界已经把85%的电影票房贡献给了好莱坞。

国家间的良性文化冲突能在诸如"北美自由贸易协定"(NAFTA)等双边或地区贸易协定中"文化条款"部分找到相应表述,但是也有一种"不那么良性的"冲突形式是让人无法忍受的,有时会带来让人难以想象的后果。

尽管巴伯(1996)宣称他使用"圣战"这个词只是作为一个通用术语,与其伊斯兰教的神学起源一点关系也没有,但是他还是这样做出解释:它以最温和的形式表达代表信仰的宗教抗争,这是一种伊斯兰教的热忱;但它最强烈的政治展现却意味着代表党派身份的血淋淋的圣战,而党派身份有着深奥的定义和巨大的资金支持。尽管他调用了阿拉伯语的表述和伊斯兰教的热忱,他仍忙不迭地补充说他使用这个词语是选取其战争方面的解释来展示一种教条的、暴力的专一主义,这是为基督教信奉者、穆斯林、德国人、印度人和阿拉伯人所熟知的。巴伯的"麦当劳世界"则跟里兹的"麦当劳化"异曲同工,麦当劳世界代表着如鲜艳蜡笔描绘般的光辉未来,经济、技术、生态力量都在呼唤一种整合和统一,用这种统一的标准来丈量人民的生活——用音乐电视这种快音乐,用苹果电脑这种超级计算机,用麦当劳这种快餐把不同国家都框入同一个主题公园,那就是通过通信、信息、娱乐和商业紧紧联系在一起的同一个麦当劳世界。和其他全球化狂热者一样,巴伯认为世界人民只能立场鲜明地二选一,或是选"全球市场的世俗普遍性席卷全球",或是选"倔强部族日复一日专一的信奉"。然而他也指出,无论是全球化力量还是部落意识都在慢慢侵袭着公民自由和民主的价值。

二、"本土主义者"关于文化全球化的观点

如果以"全球化狂热者"为代表的第一派学者凸显文化全球化中的"全球性",那么第二派学者——"本土主义者",则把本土化特质放在首位。对本土主义者来说,文化全球化的最显著特征不是文化同质化,而是文化异质化,即由于全球化进程带来或真实或假想的威胁,门类众多的本土文化身份更应复兴,焕发出各自的魅力。他们拒绝西方文化统治世界这个命题,也拒绝承认只有西方文化才是最杰出的文化这个命题。他们看到了逐渐涌现的几个充满生机的文化中心,而不是全球只有一个至关重要的文化中心。著名的爱尔兰诗人威廉·巴特勒·叶芝(William Butler Yeats)的诗句可以贴切地描绘出他们的世界:中心已不在,世界上弥漫着一片混乱。他在不同的时间不同的场合都有这样的表述。英国社会学的领军人物安东尼·吉登斯(Antyony Giddens,2000)也表达了类似的观点,他说:我们的世界看起来已经不由我们掌控了,现在是个失控的世界。

吉登斯认为,之所以说"失控的世界",是因为全球化正在日益变得"去中心化",他甚至更富争议地提出了"反向殖民"。对他而言,反向殖民意味着非西方国家的影响力正在向西方国家蔓延。这样的事例俯首皆是:美国城市洛杉矶拉丁氛围浓重,印度成为全球高科技领跑板块,巴西的电视节目卖到了葡萄牙。如果他今天要重写这一部分,他一定会把最近崛起的卡塔尔半岛电视台和宝莱坞的例子也加进去。

卡塔尔半岛电视台是属于卡塔尔的阿拉伯语电视网络。根据斯蒂格(Steger,2003)的记述,这个阿拉伯语电视网络为中东观众提供了异彩纷呈的电视节目,电视信号是由功率强大的卫星24小时不间断传送,而卫星是由欧洲的火箭和美国的宇宙飞船发射升空的。在短短3年里,卡塔尔半岛电视台迅速成长,五大洲都能24小时观看到该台播放的节目。不仅如此,它的网站也通过巨大吸引力吸引着全世界的网民,日点击量超过700万。在美国主导的全球时事传播领域,卡塔尔半岛电视台的作用不容小觑。半岛电视台甚至在2006年开启了用英语播报的国际

卫星电视频道,这标志着它的影响力进一步扩大。①

正如半岛电视台成功占据了新闻媒体,宝莱坞的兴起也令美国电影工业的钢铁盔甲上裂了一道缝。《时代》杂志 2003 年 10 月 27 日的封面故事"宝莱坞"写道:"印度的电影工业规模庞大,平均每年出产 1 000 部电影,而好莱坞年均产量 740 部;宝莱坞的观众遍及世界各地,从吉隆坡到开普敦,每年约有 3.6 亿观众,而好莱坞的观众只有 2.6 亿,这形势看起来西方已被远远赶超了。"②杂志还指出,20 世纪福克斯电影公司决定向世界播放宝莱坞电影,其他美国电影公司诸如华纳兄弟、哥伦比亚三星电影公司也纷纷效仿。希瑟·泰洛尔(Heather Tyrrell)在一篇评论分析文章中表示:"好莱坞向印度出口西方文化产品的努力几近全面失败,于是开始投资宝莱坞,而不再考虑着如何取而代之了"③,她认为:"宝莱坞拒绝被好莱坞殖民化""这样的抵抗充满着美学、文化和政治色彩",④也印证了文化可以用作一种全球力量,一种霸权力量,而且这种对文化的利用不仅限于西方国家。

让我们转回到文化全球化对普通百姓的影响。本土主义者强调所谓的"全球邻居"并未真正带来社交性的提高,而仅仅带来如约翰·汤姆林森(John Tomlinson,1999a)所说的"更进一步的接近"。换言之,全球化只带来了空间和时间上的收缩,界限变得更加模糊,却没有进一步扩大公共和谐,没能让世界人民的价值观更趋一致。事实上,全球化只加强了原教旨主义的力量,吉登斯称其为"全球化之子"。原教旨主义,不论是佛教、基督教、印度教还是伊斯兰教,或者任何其他宗教派别,都是以满怀保护和保存本土传统信仰和实践的热切愿望为前提的,并且他们相信本土的东西正在被全球文化的大潮所威胁。

毫无疑问,全球文化潮带来了西方消费模式的最广泛传播,特别是在世界各地崛起中的中产阶级阶层,然而接受西方的产品并不一定意味着对西方的文化信仰也照单全收。亨廷顿(Huntington,1996)从历史的角度指出:20 世纪 70 至 80 年代间,美国消费者消费了数以百万的日本汽车、电视机、照相机和其他电器产品,然而却没被日本化,反而加深了

① B. 库玛. 文化全球化与语言教育[M]. 北京:北京语言大学出版社. 2017.

② 同上.

③ 同上.

④ 同上.

对日本的敌意。他形象又尖锐地提出了一个问题：当西方人把嘶嘶作响的碳酸饮料、褪色牛仔裤和垃圾食品标榜为自己的文明时，西方向世界展现的是一个什么样的西方？

于是，本土主义者极力消解"一个单一的、统一标准的全球文化正在形成"这一理念。他们坚称西方文化时尚的流行并不意味着西方文化将占据统治地位。相反，他们却看到西方文化衰落的蛛丝马迹，而其他文化则冉冉上升，尽管这衰落和上升显得那么不均衡。正如汤姆林森(Tomlinson, 1999b)警告的，本土主义者的推论可能很快让西方化的论点处于不利地位，至少是以引人注目的、充满争论的形式。然而。他们还没有完全解决现代西方文化实力的问题，这一点很容易证明，因为当全球化的一切处于舆论中心被热烈讨论，各种评论和批评满天飞时，西方的文化实践和制度仍稳坐全球领航的交椅，这成为文化全球本土化支持者的重要论据。

三、"全球本土化主义者"关于文化全球化的观点

第三派思想——"全球本土化主义者"，他们相信文化的传播是一个双向的过程，相互接触的两种文化直接或间接地塑造或重塑自我。他们宣称全球化的力量和本土化的力量是如此复杂，又有很多重合的部分，人们不能简单机械地从二分法的角度"非此即彼"地去理解。事实上，这两种力量是同一进程的两个方面，全球与本土紧密相连，本土也在不断修正以适应全球。为了表达这二者紧密相连过程的实质，罗兰·罗伯逊(1992)发明了一个新词："全球本土化"。这个词来自一个日文单词，其大意是"全球化的本土化过程"，这个词常常被日本的企业用于探讨市场问题，正如那句广受欢迎的名言："全球化策划，本土化执行。"

文化评论家阿君·阿帕杜莱(Arjun Appadurai)经常被引用的一句话是：当今全球互动的核心问题是文化同质化和文化异质化的紧张和冲突。这句话大致总结和表达了全球本土化主义者的观点。这种冲突如何解决取决于一种特殊的文化转化是否发生在一个合适的情境下，也取决于是以文化"硬"的形式还是以"软"的形式。硬的文化形式是指那些难以打破或改变的价值、意义和具体化的实践及其相互间千丝万缕的联

系,软的文化形式是指那些允许从意义和价值的具体展现中做出相对简单的剥离,并在各个层面完成相对成功的转换。

　　"软"的文化形式的冲突可以较为容易地通过简单调整自身来满足和适应其接受文化得以解决。成功的全球消费品市场必然包含微观市场营销,即为了适应当地的宗教、文化和民族的需要,对产品做出适当调整。例如,美国的连锁快餐麦当劳就在适应当地由文化和宗教信仰及习俗影响的饮食习惯方面保持敏感度。麦当劳餐厅遵循犹太教相关法律,在以色列供应犹太食物;遵循伊斯兰宗教传统,在伊斯兰国家供应清真食物;在大多数人都不吃肉的印度供应素食。在更深层次,对西方的技术文化和消费文化的接受与对西方性开放和世俗表象的强烈抵制和谐共存,在很多伊斯兰社会这一现象屡见不鲜。历史学家罗兰·罗伯逊(2003)希望,对全球和本土身份如此的追寻将最终展现一个"在全球化的星球上生机勃勃的伟大生命交响"。他呼吁建立有效策略来应对文化全球化的挑战,敦促教育工作者使用一切可行的教学法来帮助学校里的儿童做好充分准备面对全球化的世界。

第二章　中国文化传播的语言与文化基础

　　中西方民族的文化背景不同,导致所形成的语言存在巨大差异。两个民族之间想要顺利展开沟通与交流,就需要学习与掌握对方的文化与语言。中西两种语言之间的差异主要表现在词汇、句子、语篇上。此外,中西方民族在长期的发展过程中形成了不同的价值观念、思维观念、时空观念,在这些文化差异的影响下,中西方民族人民的生活方式或多或少有所不同。

第一节　中西语言差异

　　英语属印欧语系,从古英语至今只有 1 500 多年的历史;汉语属汉藏语系,从甲骨文到现在已有 6 000 多年的历史。英语是综合性语言,句子结构主干突出,重形和;而汉语是分析性语言,句子结构严密紧凑、明快简练,重意合。下面从词汇、句法、语篇这三个方面来比较英语和汉语的异同。

一、中西语言中的词汇差异分析

(一)词的意义

　　随着社会的不断发展,英汉两种语言都不断地产生新词,如 television (电视),computer(计算机)等。同时,旧词也不断地被用于表达新的意义,使得词汇意义在不断演变。英汉词汇意义的异同大致可归纳为以下

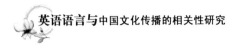

几种情况。

（1）英语中有些词主要是通用译名的专用名词、术语等，古汉语中有完全对应的词，其意义在任何上下文中都完全相同等。例如，the United States of America（美国），arm track（水陆两用车），Thames（泰晤士河）。

（2）由于历史、地理、经济、文化、政治、制度、社会习俗的不同，英汉两种语言所反映的客观事物的角度方法有差别，两种语言的词汇所概括的面就有宽窄的不同。例如，hill，mountain（山），take，bring，fetch（拿），这些汉语的概括范围比英语广；Uncle（伯父、叔父、舅父、姑父、姨父），gun（枪，炮），wear（穿、戴），这些英文词的概括范围比汉语广。

（3）英文中有许多词一词多义，即英文中的一个词可与汉语中不少词对应。例如，wet一词，其基本含义为"潮湿的"，但在不同的上下文却有许多不同的释义。例如：

①I was literally wet to the skin.

我浑身湿透。

②Wet Paint!

油漆未干！

③Her boyfriend is really wet!

她的男朋友真是胆小！

（二）词的搭配

任何一种语言，在使用过程中都会形成一些固定的词组和常用的搭配，这些固定的说法有些可以逐字译成另一种语言，有些则不然。英语和汉语词语的搭配也是不同的。例如：

（1）Where have they put my clothes?

他们把我的衣服放到哪儿啦？

（2）That puts the fat in the fire.

那是火上浇油。

（3）Put a mark against the names of the absent pupils.

在缺席学生的名字上打个记号。

英语中的put搭配能力很强，可用于衣服、油、记号等，而汉语却分别要用放、加、打等来搭配。

英语的broken一词，与man，money，promise等搭配，而汉语中则分别用绝望的、零散的、背弃的等来与人、钱、承诺等搭配。例如，a broken man(绝望的人)，broken money(零钱)，a broken promise(背弃诺言)。

(三)词序

英语和汉语句子成分的排列顺序常有所不同，尤其在作定语、状语和并列成分时。

1. 定语

(1)英语中单词作定语通常前置，但在某些固定词组中，单词作定语按习惯置于中心词后，汉语中把单个词作定语一般前置。例如：

a beautiful book 一本精致的书(英汉均前置)

something necessary 必要的事(英语后置，汉语前置)

the president elected 当选总统(英语后置，汉语前置)

(2)短语作定语时英语一般后置，而汉语通常置于中心词之前。例如，those under 18(不满 18 岁)，things to be discussed(有待讨论的事)，the interests of the people(人民的利益)。

(3)中心词有几个单词作修饰成分时，英语和汉语的顺序不完全相同。英语中把更多属于中心词客观性质的修饰成分放在离中心词较近的位置，将更多属于说话人对中心词性质的判断和评价的修饰成分放在离中心词较远的位置。汉语中把最能表现事物本质的词放在最后面。因此，中心词有几个修饰成分时，英语的基本词序是从次要到重要，而汉语则相反，在很多情况下，汉语要视是否顺口而定。例如，the advanced foreign experience(外国的先进经验)，a small round wooden table(一张木制小圆桌)。

2. 状语

(1)一般来说，如果一个句子中有好几种状语，英语中其排列顺序是：方式、地点、时间，而汉语中则为：时间、地点、方式。例如：

We ate to our hearts' content at her home last Sunday.

我们上星期天在她家饱餐了一顿。

(2)一个句子中有两个以上的时间、地点状语时，英语中通常是表示单位的状语在前，表示较大单位的状语在后，而汉语一般为先大后小。

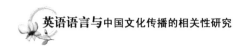

例如：

At eight o'clock on the morning of July 25，the train started back to Shenyang．

7月25日上午8时火车开始返回沈阳。

（3）英语中单词作状语，修饰形容词或其他状语时前置，修饰动词时后置，表示程度修饰状语时可前置也可后置，而汉语中三种情况均可前置。例如：

You are decidedly wrong．

你肯定错了。（修饰形容词，英汉均前置）

They don't understand it profoundly．

他们并不深刻了解这一点。（修饰动词，英语后置，汉语前置）

He is running fast enough．

他跑得够快。（修饰作状语的副词，英语后置，汉语前置）

3. 并列成分

出现几个并列成分时，英语按逻辑上的轻重、前后、因果或部分—整体的顺序排列，而汉语一般将较强、较大、较极端、给人印象较深的成分放在前面。例如，elementary and high schools（中小学），flesh and blood characters（有血有肉的人物）。

二、中西语言中的句法差异分析

（一）句子结构

英汉两种语言属不同语系，其表达方式不尽相同，因此英译汉时有时需要转换句子结构，才能使译文符合汉语规范。句子结构的转换可做如下处理。

（1）英语单句转译成汉语的复合句。例如：

Pressure of work has somewhat delayed my answer．

由于工作很忙，答复迟了一些。

（2）英语的复合句转译成汉语的简单句。例如：

He is very clean and his mind is open．

他为人单纯而坦率。

When I negotiate, I get nervous.

谈判时我总有些紧张。

(3)英语的倒装句转译为汉语的正装句。例如：

Away they hurried.

他们匆匆忙忙地走开了。

With much difficulty did she find her way home.

她好不容易回到了家。

(4)英语被动句转译成汉语主动句，或英语主动句转译成汉语被动句。例如：

Every moment of every day, energy is being transformed from one form into another.

每时每刻，能量都在从一种形式变为另一种形式。

(二)句序

句序即复合句中主句和从句的顺序。英汉复合句中主句和从句之间的时间顺序和逻辑顺序不完全相同，所以它们的先后位置也不完全一样。

1. 时间顺序

英语复合句中表示时间的从句可置于主句之间，亦可位于主句之后；英语复合句中有两个以上时间从句时，各从句的顺序也比较灵活；而在汉语中，无论是时间从句与主句，还是时间从句与时间从句，一般按事情发生的先后顺序安排，即先叙述先发生的事再叙述后发生的事。例如：

I'll let you know as soon as it is arranged.

一安排好我就告诉你。

Since I was a child I have lived in England.

从小时候起我一直生活在英格兰。

2. 逻辑顺序

(1)在表示因果关系的英语复合从句中，表示原因的从句可在主句前，也可在主句后，而汉语中多先"因"后"果"。例如：

Substances have no tendency to expand unless they are heated.

物体不受热就没有膨胀的趋势。（表示原因，英语后置，汉语前置）

（2）在含条件状语的英语复合句中表示条件的从句可在主句前，也可在主句后，但汉语中一般是先"条件"后"结果"。例如：

As long as we don't lose heart, we'll find a way to overcome the difficulty.

只要我们不灰心，就能找到克服困难的办法。

（3）在含目的状语的英语复合句中，表示目的的从句一般在主句之后，汉语中多数情况与英语一致，即先"行动"后"目的"，但有时也先讲"目的"，再说"行动"。例如：

We sent the letter by air-mail in order that it might reach them in good time.

为了能使他们及时收到，这封信我们用航空寄去。（这封信我们用航空寄去，以便他们及时收到。）

三、中西语言中的语篇差异分析

（一）中西语篇差异

一篇文章除了要上下文衔接、语义连贯外，其主题还必须有所发展。篇章的发展表现为话语表达的有序化，并要有一定的思路、足够的内容和一定的层次。上下文没有连贯的一段句子不能算是一个篇章。例如：

Television present a vivid world in front of us. On TV, we can see many beautiful places of the world. We can see the Great Wall of China. We can see the sky-scrapers in New York. We can see the pyramids in Egypt, and so on.

这段话对主题句有一定的发展，但后面几个句子讲的都是一个意思，同属一个层次，因而这段话的思路展开不够充分。那么如何进行发展呢？这就要求能够对句子进行定位（orientation），抓住句子中的语义增长点（semantic generation point），即关键词（key word）来发展，把关键词作为背景对基本句（basic sentence）进行进一步的发展。如上面这个例子就应该抓住 vivid world 这个关键词进行发展：

On TV, we can see many beautiful places of the world, e. g. the Great Wall of China, the pyramids in Egypt, etc; on TV, we can know many things of the world, e. g. the weather condition, the customs of various nations, events taking place in the world, etc. And on TV, we can enjoy many wonderful entertainment programs.

篇章模式可分为：叙事模式（narrative pattern）、提问—回答模式（question-answer pattern）、主张—反主张模式（claim-counterclaim pattern）、概括—具体模式（general-specific pattern）、问题—解决模式（problem-solution pattern）等，下面介绍其中一些模式。

1. 叙事模式

叙事模式包括六个成分：摘要（abstract）、定位（orientation）、叠合事件（complicating events）、评价（evaluation）、解决（resolution）和结尾（coda）。

以《大学英语》第三册第一单元课文 *A Brush with the Law* 为例：第一段即为摘要（The whole process of the narrator's being arrested and taken to court was arbitrary. It was a rather unpleasant experience. ）。定位是叙事者对时间、地点、人物所做的交代（one morning, in February, about twelve years ago, in Richmond, the narrator）。叠合指接下来发生的事情，是对构成故事的主要事件的发展安排（Why the narrator was arrested and how he was arrested）。评价指叙事者以直接或间接方式告诉读者和听者故事的可读性、可听性（But it makes a good story now）。解决指叙事者对情节人物、事件等作的评议（The solicitor even succeeded in getting costs awarded against the police; and so I do not have a criminal record. ）。结尾是故事世界和讲故事时的现实世界之间构建的一种联系。但要注意并非所有的叙事篇章都具备所有成分，摘要和结尾两个成分有时没有，但其他成分一般来讲是必要的。

2. 提问—回答模式

该模式一般总是在篇章开头设置一个明显的、用提问方式表达的问题，篇章的发展主要是寻找对这一问题的令人满意的答案。其结构即情景—问题—反映—结果/评价。例如，《大学英语（精读）》第三册第三单

元 *Why I Teach*,开头时作者用 why do you teach? 提出问题,接着作者阐述"I teach neither because teaching is easy for me,nor because I have so much knowledge that I must share with my students."然后作者换种方式再次提出问题:why,then,do I teach。紧接着作者用许多平行结构(I teach because…)进一步强调自己的观点,表达自己强烈的感情,层层叠进达到高潮,极富感染力。

同时,作者还使用了《圣经》中的一个典故(being a teacher is being at the creation,when the clay begins to breathe)来阐述当教师的重要性和伟大。

3. 主张—反主张模式

在这一模式中,作者首先提出一种普遍认可或某人认可的主张和观点,然后澄清,说明自己的主张和观点,或者提出反主张或真实的情况。例如,《大学英语》第三册第八单元 *Daydream a Little*。作者首先提出:Daydream used to be viewed as a waste of time and an unhealthy escape:from real life and its duties,接着提出真实情况:however,recent research shows daydreaming is of great benefit in many respects,然后作者用有力的证据说明做白日梦的重要性、好处、原因及怎样做白日梦。

(二)中西语篇差异典型案例分析

1. 旅游语篇

例 1:

Mexico City is renowned for its frescoes;you can find splendid frescoes almost everywhere. These frescoes are highly character and unique, depicting heroic actions as well as common people's daily lives. These colorful and breathtaking frescoes are popular with local residents as well as visitors.

译文:墨西哥城以其壁画闻名于世,精美绝伦的壁画几乎随处可见。这些壁画极具特色、独一无二,不仅描绘英雄事迹,还描绘普通百姓的日常生活。这些色彩鲜艳、令人叹为观止的壁画,一直深受当地居民及游客的欢迎。

赏析：

在这个段落中,译者采用了许多四字结构来增强语言的感染力,如"闻名于世""精美绝伦""随处可见""独一无二""色彩鲜艳""叹为观止"等。原文中 highly character 和 unique 这两个形容词用在 be 动词后作表语,colorful 和 breathtaking 这两个形容词作前置定语修饰名词 frescoes,在句中的位置都较固定,而相对应的译文"这些壁画极具特色、独一无二""这些色彩鲜艳、令人叹为观止的壁画",又可改写为"这些极具特色、独一无二的壁画""这些壁画色彩鲜艳、令人叹为观止",从而可以看出汉语的词序灵活、变化多样,依赖词与词之间的内在联系组织语言。

例 2：

杨堤翠柳是漓江风光的著名一景,大家仔细品味,漓江到杨堤,青峰锁江,碧水萦绕,晴岚紫气,翠竹垂岸,农舍半现,炊烟袅袅,云飞雾绕,如虚如幻,犹如一幅格调高雅的中国画。

赏析：

此例突显了汉语用词的特征。在这个描绘漓江水墨风光的中文段落中,四字格的大量使用形成极强的韵律感,格式相当地工整,在增强语感和气势的同时,也将漓江美景尽显眼前,带给读者赏心悦目的感受。

例 3：

（Eiffel Tower）Its modern, lattice design was felt to contrast greatly with the more traditional stone architecture of the city and it was argued that the tower would take away the beauty of Paris. Protests were so widespread that it was almost demolished at the end of its 20-year lease, but was saved because of its massive antenna which at that time was used for telegraph communication. It was then used for radio and television purposes, and within time was accepted and even loved by Parisians as a symbol of the city. [1]

赏析：

这个段落包含了三个长句。第一个句子由并列连词 and 连接的两个分句组成,且第二个分句的动词 was argued 后面有一个由 that 引出的宾语从句。第二个句子采用了 so…that(如此……以至……)的结构,that 后是由转折连词 but 连接的两个主谓结构的分句,在 but 分句中,

[1] 王颖,褚凌云,王爱玲. 商务英语翻译导论[M]. 北京:外语教学与研究出版社,2017.

用介词结构 because of 解释动词 was saved 的原因，又用 which 引导的定语从句解释了 antenna 的用途。第三个句子同样由 and 连接起两个独立分句，并用逗号将前后分句隔开。

例4：

Thundering just 90 miles (143 km) away from Lake Ontario, and carrying 34.5 million gallons (157 million liters) of water a minute in an awesome display of enormous raw power, Niagara Falls is known as one of the natural wonders of the world.

赏析：

该长句的主干为"Niagara Falls is known as…"句首以 and 连接两个现在分词 thundering 和 carrying 并列作原因状语，介绍了尼亚加拉大瀑布的一些具体信息。这样的长句，结构紧凑，意义清晰。

例5：

（1）黄山一年四季都能看到云海奇观，（2）不过冬春两季观赏云海最理想，特别是在雨雪初晴的日出日落时分，云海最为壮观。（3）只见轻云薄雾像缕缕炊烟从峰壑之间飘起，（4）一忽儿铺卷开来，眼前汪洋一片，远方海天相接，几座露出海面的山峰恰似汪洋中的孤岛；（5）但是眨眼儿又波起涛涌，眼前一片混沌，什么也看不见了，叫人惊心动魄；（6）然而片刻之后，又微波伏岸，云敛雾收，红霞满天，山色更青翠了。

赏析：

从这个例文中，我们可以清晰地看出汉语的意合特征，无主句使用频繁，如（1）句中动词"能看到"的逻辑主语应该为"人们"，（2）（3）两句的主语同样省略了。（4）（5）（6）三句以动作发展的先后顺序来组织语句，"几座露出海面的山峰恰似汪洋中的孤岛""叫人惊心动魄"和"山色更青翠了"这三个句子前虽然没有使用任何关联词，我们仍然能够明确地判断出它们分别与（4）（5）（6）句描写的内容形成了因果关系。这段文字中各个句子意义紧凑，将黄山云海变化莫测的壮丽景观自然地呈现在读者的眼前。

2. 广告语篇

例1：
Father of All Sales
15% to 50% off!

译文：

特大甩卖，全场八五折到五折！

赏析：

这是一则广告口号。在英语文化里，人们习惯用 father 来代称大河、大江。例如，美国的"密西西比河"被称为 Father of the Waters 或 the Great Father，而汉语中的"父亲"一词没有这一含义，汉语习惯用"母亲"比喻人们赖以为生的河流，如把"黄河""长江"称为"母亲河"。所以，在翻译该广告口号时，要考虑到中西文化的差异，舍弃原文的字面形式，用意译的方法传达原文的信息，把它翻译成"特大甩卖，全场八五折到五折！"

例 2：

Look,

Lustrous eye shadows with new Silkylide Formula.

Look again. Colors that last so long. Blend so smooth. Stay so true. (That's no lie!)

Look again. 35 jewel-like tones to try 7,175 combinations for just 2 eyes.

Look again. A lifetime of perfect coordination. CUSTOM EYES from Revlon.

Look again. And you'll never look back.

译文：

请看，以滑丝新配方制成的亮光眼影。

请再看，经久不褪的色彩；匀称平滑的调和。形象逼真。（绝非谎言！）

请再看，有 35 种宝石般的色调任你选用。仅仅为了一双眼睛，就有 7 175 种组合。请再看，完美和谐的一生。来看 Revlon 的 CUSTOM EYES 眼影。再看一看，你将永远不再追忆过去。

赏析：

(1)化妆品广告翻译应注意译文的音韵美、节奏美和形象美。在选词上，要选用富有美感和韵律的词汇，充分利用汉语词汇的联想意义。在句式上，应讲究音节对称，通顺流畅，这样能较好地体现广告原文的表现力和感染力。该则化妆品广告为描述体。广告以感性诉求的方式，通过重复、排比和双关等多种修辞手法，对 Revlon 的 CUSTOM EYES 眼影进行生动细腻地描绘,引发消费者美好的联想。

(2)词汇特点。在选词上,译者在翻译过程中摆脱了原文的束缚,选用能唤起女性消费者爱美之心的美好词汇,如滑丝、亮光、经久不褪、匀称平滑、宝石般的、完美和谐等。这些富有感染力的词汇在语篇中构成了美的意境,复现了原文中产品的特点,激发了读者的联想,促使她们相信该产品确实能带来她们所期望的功效。

(3)句式特点。广告原文句式上多使用祈使句、排比句和省略句。Look/Look again重复使用,加强了语势,富有节奏美。省略句的使用使得句式更加简洁明快。汉语译文保留了原文的句式特点和节奏美。"请看"/"请再看"重复使用,句式排列整齐,通顺流畅。此外,"请再看"中"请"字的添加,符合汉语表达习惯,也使得广告语气礼貌委婉。

(4)修辞特点。在修辞上,主要使用重复和排比的手法,如"Colors that last so long. Blend so smooth. Stay so true."汉语译文采用言简意赅的四字格的对称结构:"经久不褪的色彩,匀称平滑的调和,形象逼真",表现了产品的品质特点。

此外,"Look again. And you'll never look back."一语双关。根据语篇,you'll never look back字面意思为"你再看一遍,就不用再回头看了",意即:你已经决定购买我们的产品了。而look back作为短语,还有"回顾,追忆"的意思。you'll never look back意为"你将永远不再追忆过去",意即:使用了我们的产品,你将永葆青春,无需因红颜已逝而追忆过去。

例3:

When something borrowed

Blew something blue……

Comfort was there.

Southern Comfort—The Spirit of New Orleans Since 1860.

译文:

借着金馥酒的灵感,吹奏出忧郁的蓝调……

凭这借来的灵感和借来的乐器,爵士乐手们从这里起步,征服了音乐世界。

金馥酒——新奥尔良的名酒,新奥尔良的精神。

赏析:

这是著名的 Southem Comfort 酒("金馥香甜酒",又译"利口酒"

"金馥南方安逸香甜酒")的广告。该广告的独特之处在于以爵士乐为着眼点,广告的创意有着深刻的文化蕴含。较之多数国内酒类广告宣传亲情和友情来说,该广告独具匠心。译文在对美国文化传统了解的基础上,摆脱原文思路的束缚,着眼于广告原文的文化内涵和实际效果,综合采用拆分、释义、化简、改写等方法对广告进行了重新打造,创造了诗歌、美酒和音乐融为一体的意象,可谓佳译。

该广告的翻译基于对美国传统文化的正确解读。金馥酒是美国香甜酒的典型代表,19 世纪在新奥尔良诞生。新奥尔良爵士乐是爵士乐最早的音乐风格。新奥尔良爵士讲究合奏,给人的感觉是激烈、兴奋并充满生机。新奥尔良爵士的代表人物路易·阿姆斯特朗(Louis Armstrong)是 19 世纪美国家喻户晓的小号吹奏家,享有"爵士乐之父"的称号;西德尼·贝彻(Sidney Bechet)是爵士乐史上以高音萨克斯风为主奏乐器的第一人,也是著名的单簧管演奏家。这些清贫而热爱生活的乐手,在买得起自己的乐器前,总是借别人的乐器来演奏。然而,就是用借来的乐器他们首创了风靡世界的爵士乐曲。

在中国,古老文化里透露出来的也尽是酒香、酒气和酒的精灵。没有酒的诗词歌赋,如同没有魂灵的漂浮在社会上的尘沙,是不会流传下来的。以音乐着手来宣传美酒,在中国是很容易被人接受的。然而,在中国文化中,人们对爵士乐有所了解,但是 Louis Armstrong 和 Sidney Bechet 两位著名音乐家的名字并非尽人皆知。对此,译者采用释义和模糊处理的方法,译为:"爵士乐手们"。

广告首句为诗歌体:

When something borrowed

Blew something blue…

Comfort was there.

译文保留诗歌体的表现形式,因为在中国文化中,诗歌、美酒和音乐的意象融为一体,译作:

借着金馥酒的灵感,吹奏出忧郁的蓝调……

广告口号"Southem Comfort—The Spirit of New Orleans Since 1860"一语双关。该句一重含义为:早在 19 世纪中期开始,Southern Comfort 就是新奥尔良的名酒;另一重含义为:自爵士乐首创时期开始,Southern Comfort 就是开拓、创新、乐观这种新奥尔良精神的象征。译文对这双重含义释义,并采用重复的手法以加深受众印象。

例4:

Bare essentials,

Bold alternatives.

A quiet confidence

That comes

From within.

Simple pieces,

Simple living,

Another autumn,

An easier style.

——Bloomingdale's store

译文

清透的质地,

大胆的差异;

自强必自信,

不必高声语。

简约的设计,

淡雅的起居;

徐徐又一秋,

如今更随意。

——Bloomingdale's 商店

赏析:

该广告是美国著名的百货商店 Bloomingdale's 的广告。广告采用诗歌体,通过诗一般的语言,创造出生动的意象,旨在使受众对产品产生联想,引起对产品的美好印象。译文亦采用诗歌体,以实现文体信息的对等。广告的解读基于对美国文化背景的了解。Bloomingdale's 是美国著名的百货商店品牌,又叫 Bloomie's,成立于 1861 年,是美国梅西百货(Macy's Inc.)旗下的连锁商店,在美国有 36 家分店。Bloomingdale's 的气氛与品牌比较年轻化,非常前卫,但也很务实,加之其价格定位合理,使它成为人人喜爱的购物天堂。

韵律美和节奏美的体现:诗歌主要以韵律和节奏体现音美。韵律中主要是叠音、头韵和尾韵。"Simple pieces,Simple living"中两个 simple 是叠音。"Bare essentials,Bold alternatives."中 bare 和 bold 为头韵,

essentials，alternatives，pieces，comes，confidence 押尾韵。译文主要采用尾韵以保留原文的音美："地""异""计"和"意"押尾韵；"语""居"和"秋"押尾韵。

A quiet confidence

That comes

From within.

该句原义为：我们的自信源于我们内在的自强自立，无需大肆宣传，你就能感受到我们的自信自强。译文对原文进行了重新组合，并借用中国古诗词"不敢高声语"，译为："自强必自信，不必高声语。"

"Another autumn，Aneasier style."该句译为："徐徐又一秋，如今更随意。"加之前面"自强必自信，不必高声语"的意境，很容易使人联想到唐朝书法家虞世南托物寓意的诗句："居高声自远，非是藉秋风。"蝉由于栖息在高高的梧桐树上，它的叫声自然能传得很远很远，并不像一般人以为的那样是借助秋风的传送。这一独特的感受所揭示的真理是：品格高洁的人，并不需要某种外在的凭借，自能声名远播。广告译文通过这些意境，让人自然联想到该百货商店的品牌文化：经典高尚的品牌，优雅而简约、华贵而自信。

第二节　中西文化差异

一、中西文化中的价值观念差异分析

价值观是指人们对周围的客观事物的意义、重要性的总评价。人们对客观事物的主次、轻重、好坏的排序，构成了价值观体系。而价值观和文化是双向互动的关系，因此不同的文化促成了不同的价值观。以下就对中西价值观进行比较分析。

(一)金钱观念差异

《茶花女》中有这样一句名言："金钱是好仆人、坏主人。"是做金钱的主人,还是做金钱的奴隶,这实际上反映了两种不同的金钱观。所谓金钱观,就是指对金钱的看法和态度。简单来说,就是认为金钱是重要的还是次要的。金钱是适应商品交换的需要而产生的,随着商品经济的高度发展而逐渐成为财富的象征。对于任何民族而言,日常生活都离不开金钱的流通,而对金钱的不同态度则反映了不同的价值取向。了解中西方不同的金钱观,对于了解中西方文化差异有着很大的帮助。

在中国传统文化中,人们固然认为金钱十分重要,但并没有将金钱的获得作为成功的标志或者生命的必需,而是"身外之物"。中国有句俗语说的是金钱"生不带来死不带走",实际上就是对金钱观的反映。在中国文化中,金钱和地位并不等同,所以中国人对金钱的态度要豁达很多。究其根源,主要是因为中国千百年来受儒家思想的影响,向来重农抑商,以农为本,以商为末,有"为富不仁""无商不奸""见利忘义"的看法。读书人认为谈钱有辱斯文和清高,并且以不言"阿堵物"为高尚。"金钱如粪土,朋友值千金",视钱财如粪土,重义轻利被认为是检验正人君子的标准。商人总是被人讽刺和轻视,被认为重利轻情,因此整个社会都充斥着"万般皆下品,唯有读书高"的观念。① 这种金钱观在语言上也有着鲜明的体现,如"君子爱财,取之有道""钱字有两戈,伤尽古今人"等。在当代社会,尤其是近年来,随着社会经济的发展,人们对金钱的认识和态度发生了很大变化,追求财富成为人们生活的重要部分,挣大钱成为人们的重要愿望。与此同时,也出现了不少的社会现实问题,金钱成了衡量人能力的一个标准,在与金钱的博弈过程中,亲情、友情和爱情都败下阵来。这种拜金现象在语言中也有所体现,如"有钱能使鬼推磨""人为财死,鸟为食亡""一文钱难倒英雄汉"等。

西方文化历来崇尚物质,西方人一向都是热情和大胆地追求物质利益,他们认为物质成就的获得代表着个人的成功,自我的实现首先是物质成就的实现,然后是其他层面的进步和满足。但是西班牙人有着不同的金钱观,西班牙人认为人的生命是宝贵的,不要为钱去拼命,而应该尽情地享受人生,因此多数人对金钱的态度是,金钱可以使人有权有势,但不一定使人幸福。

---

① 包惠南,包昂. 中国文化与汉英翻译[M]. 北京:外文出版社,2004.

（二）交际观念差异

观念是人们经过学习在头脑中形成的对事物、现象的主观印象。观念是通过对感官材料进行选择、组织并加以诠释的方式来认识世界的过程。

Perception is the process of selecting, organizing and interpreting sensory data in a way that enables us to make sense of our world." (Gamble, 1996)

这个过程包括识别（identification）、阐释（interpretation）和评估（evaluation）三个阶段。

人们的已有经验对识别的结果会产生影响，而文化对阐释与评估会产生影响。

Perception is often affected by culture. The same principle causes people from different cultures to interpret the same event in different ways." (Adler & Rodman, 1994)

例如，来自不同国家或者民族的人对个人信用的解释是不同的。对美国人来说，个人信用的主要指标是独立与能力，坦诚与直率、强势与自信、理性与果敢等会赢得尊重。而对中国人和日本人来说，个人信用的主要指标是社会地位，沉稳与含蓄、顺从与谦卑、仁爱与机敏等会赢得尊重。

思想观念往往是由社会教育（包括家庭教育和学校教育）逐步形成的人生观和价值观，属于意识形态的范畴。观念的产生与人们所生活的社会环境关系密切。人们观念的形成主要受到家庭环境和社会环境的影响，因此主要包括家庭观念（包括婚恋观念、亲情关系、家族观念等）和社会观念（包括时间观念、自我认同观念等）。

1. 家庭亲情观念

不同国家和不同民族的亲情观念不同。

受儒家思想影响的传统中国家庭，以血缘为纽带、以伦理为本位是家庭关系的突出特点。在中国封建社会里，家庭关系包括由"父为子纲"确立的长幼秩序，由"夫为妻纲"确立的夫妇关系，由"三从四德"所确立的男女地位等，对建立、调节与维护中国传统家庭关系起到了重要作用。

其中"孝道"是家庭伦理道德的本质与核心,是确立家庭伦理关系的基石。"夫孝,德之本也,教之所由生也。""身体发肤,受之父母,不敢毁伤,孝之始也。立身行道,扬名于后世,以显父母,孝之终也。"(《孝经》)

在中国传统宗族制的影响下,中国人形成了很强的家族观念。在中国,家族观念构成了复杂的亲属关系网。亲属有宗亲与姻亲之分,其中宗亲有嫡亲、堂亲与族亲之分,姻亲有姑亲、舅亲与姨亲之别。

受基督教影响的西方家庭,以"自我"为本位是家庭关系的突出特点。"奉上帝、疏亲友"的理念使得西方人家庭观念淡薄,血缘亲情让位于对上帝的崇敬。就亲属称谓来说,在中国文化中,亲属称谓是以父系血亲称谓为主干,以母系和妻系的姻亲称谓为补充的严谨而复杂的称谓系统,突出"长幼有序,内外有分"的特色。而在西方语言中,没有姻亲与血亲的区分,是以姓名称谓为主干,以血亲称谓为补充的简单而直接的亲属称谓体系。例如,在 *The Family Album USA*(《走遍美国》)中,儿媳 Marilyn 直接以名字来称呼她的公公 Philip 和婆婆 Ellen。

不同国家和不同民族对于亲情的表现方式也不同。从对孩子跌倒的态度上可以看出不同之处。比如,在北欧的一些国家里,如丹麦,父母会安慰跌倒的小孩;在瑞典,小孩跌倒了,父母马上研究如何预防此类事件的再次发生;在挪威,父母鼓励跌倒的小孩自己站起来,不要哭;在芬兰,父母对跌倒的小孩不闻不问,让他主动爬起来。

2. 社会观念的差异

社会观念是在一定的社会群体范围内长期形成并需要其群体成员共同遵循的观念。这种观念往往被作为群体范围内人们交际的言语和行为的评判标准,从而影响到群体内的每一名成员。这些观念主要包括时间观念、自我认同观念等。

自我认同观念是由自我身份认同、自我价值取向和自我价值的实现三大要素构成地对自我的理解、态度和塑造的观念体系。中西方人的自我认同观念存在很大差异。

在中国传统文化中形成了"重名分、讲人伦"的伦理观念,而西方社会形成了"人为本、名为用"的价值观。这些差异具体体现在立身、处世等方面。

（1）中国人的自我认同观念

中国的传统文化长期受儒家修身、齐家、治国、平天下的道德价值观影响，形成了"万般皆下品，唯有读书高"的社会价值取向。受先秦时代"满招损，谦受益"的哲学思想的影响，汉民族具有含蓄深沉、崇尚谦虚的传统观念。

①中国人受传统思想的影响形成了"卑己尊人"的礼让观念。"夫礼者，自卑而尊人。"（《礼记》）

首先是"厚礼"。"非礼勿言。"（《论语》）"礼者，贵贱有等，长幼有差，贫富轻重皆有称者也。"（《荀子·富国》）

其次是"重德"。儒家的仁学思想将个体人格的自我修养作为行仁义的先决条件，即"内圣"。佛教和道教崇尚"虚静""修身养性""谦虚自律"等。

最后是"谦恭"。"谦谦君子，卑以自牧也。"（《周易·象》）"满招损，谦受益。"（《尚书·大禹谟》）

中国人受这些传统礼教的影响，常常是通过"贬低自己、抬高别人"的办法来让对方肯定自我，赢得尊重，被西方学者称为无我文化。

②中国人受传统思想的影响形成了"他人取向的自我是义务本位"的观念。

在中国传统文化中，个人是群体的分子，是所属社会关系的派生物。人们的群体利益优先于个人利益，个人利益依附于群体利益并通过群体利益来体现。自我的主体性、独立性、人格、地位常常被忽略或者剥夺，而以繁重的义务和责任的形式来体现。因此，中国人在处事方面首先考虑的是别人的感受和反应，注重顾全面子的"礼多人不怪""君子和而不同"的交际原则，通常以牺牲自身利益或者委屈自己为代价来迎合他人的心态和方式进行交际。

在人际交往中，中国人信奉"人情一线牵，日后好见面""礼尚往来""多个朋友多条路，大树底下好乘凉"的教条，努力将自我融入某个强势群体中，以免被"边缘化"。林语堂说人情、面子、命运是支配中国人生活的三大女神。

（2）西方人的自我认同观念

以商业活动为经济基础的西方文化受功利主义伦理观影响，认为思想观念和现实世界之间存在着直接联系，形成了"个性张扬、求利至上"的社会价值取向。

①在西方社会里,受平等理念的影响形成了"自我中心、自我展示、自我实现"的观念。因而,在西方人的自我观念中,谦虚是一种病态,自卑是没有自信的表现,尊重源于自信与平等。在英语中,只有一个单词永远是大写的,那就是"I"。

②在西方文化中,人们受"独立、人权"思想的影响形成了"自我中心的权利本位"观念。这一观念体现为自我取向,即以自我为中心的交际心态和准则。

在人际交往中体现为办事不讲情面,崇尚公平竞争,吃饭 AA 制,社交称谓以平等的姓名称谓为主等。例如,在美国的社会交往中,除教授、医生等少数职业外,不论职业、阶层、贵贱,一般都采用平等的姓名称谓。

观念是人们用以支配行为的主观意识。人类的行为都是受行为执行者的观念支配的,观念直接影响到行为的结果。文化的价值体系对跨文化交际产生重要的影响。

在文化交流中,观念可以影响人们的行为。例如,欧洲人的告别方式就存在差异,英国人是 kiss goodbye,而欧洲大陆的一些国家如法国、意大利等则是 embrace goodbye。在欧洲大陆的一些国家,人们不能接受 kiss,因为在他们的文化观念里,kiss 是只能在非常亲密的恋人或者夫妻之间才能进行的行为。

二、中西文化中的思维模式差异分析

在中西语言背景下,中西民族所处的社会环境有所不同,人们的体验和经历也各有差异,因此看待世界的角度也不同,有着不同的思维模式,而这又进一步影响他们的社会体验和经历,也影响他们的语言发展。

(一)具体思维与抽象思维

汉语民族侧重具体思维,人们在说明问题和描述事物时习惯用形象和比喻法,具有"尚象"的特征。这种思维对语言的影响是,汉语用词具体,习惯以具体的概念来表达抽象的事物,而且句中常会出现多个动词连用的情况,读来生动形象。例如:

去年今日此门中,人面桃花相映红。

人面不知何处去,桃花依旧笑春风。

（崔护《题都城南庄》）

上述诗句用词简单,语言简朴,形象具体,用意清晰明了。作者用了"人面""桃花"等具体义项,表达了对旧日美人的缅怀之情。类似这种的用具体名词或贴近生活的词语来表达抽象内容和情感的方式在汉语中十分常见。

英语民族侧重抽象思维,常用大量抽象的概念来表达具体的事物,反映事物内在的情况和发展规律,注重逻辑与形式的论证,具有"尚思"的特征。在语言的使用中,就表现为惯于用抽象的名词来表达复杂的理性事物。

（二）本体思维与客体思维

在中国文化中,道家和儒家的理论学与哲学思想占据着重要和主导地位,两家思想都提倡以人本为主体。来看席慕蓉在《无怨的青春》中的诗句:

在年轻的时候如果你爱上了一个人,请你,请你一定要温柔地对待他。不管你们相爱的时间有多长或多短,若你们能始终温柔地相待,那么,所有的时刻都将是一种无瑕的美丽。若不得不分离,也要好好地说声再见,也要在心里存着感谢,感谢他给了你一份记忆。

上述文字都是以人为主语,以"你""你们"来泛指所有人,而且行文从人的角度出发,顾及人的感受,字里行间都透露出主体思维。

英语民族的思维趋向客观的大自然和外部环境,主张通过人类的智慧和能力来征服自然和改造自然,并在受这一思想的长期影响下形成了以客观世界为观察、分析、推理和研究中心的思维方式。这种思维方式通过语言就能发现其身影,如英语中常用物称表达法,既不用人称来叙述,而是通过事物以客观的口气来叙述,并且常使用被动句。例如,英美人在接电话说"是我"时,常用"It's him/he."来表达;在交谈中询问对方近况时,常用"Is everything OK with you?""What is up?"不直接加以询问,而是对对方周围的事情进行询问。再如:

The unpleasant noise must be immediately put an end to.

必须立即终止这种讨厌的噪声。

上述句子原文并没有用人称作主语,而是把感受到的事物作为主语,再进行叙述。

(三)顺向思维与逆向思维

相较于西方,中国人更倾向于顺向思维,就是按照字面陈述其思想内容。这在语言中的体现十分明显,如"成功者敢于独立思考,敢于运用自己的知识。"这句话就是按顺序表达,而且其意思可以按照字面意思理解。而这句话用英语表达时则是"Winners are not afraid to do their own thinking and to use their own knowledge. "由此可以看出中西方思维方式的差异。

不同民族的人们在观察事物或解决问题时,会采用不同的视角和思维方位。西方人习惯采用逆向思维,通常从反面描述来实现预期效果。这种思维在语言上有着充分的体现,如在说"油漆未干"时,英语表达是wet paint,在说"少儿不宜"时,英语表达是 adult only。

(四)曲线思维与直线思维

中国人的思维方式呈现曲线式,在表达思想和观点时常迂回前进,将做出的判断或者推论以总结的形式放在句子最末尾。这种思维方式在语言中的反映是,汉语先细节后结果,由假设到推论,由事实到结论,基本遵循"先旧后新,先轻后重"的原则。例如,同样是"It is dangerous to drive through this area. "这句话,汉语表达则是"驾车经过这一地区,真是太危险了。"从该例既能感受到中国的曲线思维,又能了解中西思维的差异。①

西方人的思维呈现直线式,在表达思想时往往直截了当,在一开始就点明主题,然后再依次叙述具体情节和背景。这种思维方式对语言也产生着重要的影响,即英语为前重心语言,在句子开头说明话语的主要信息,或者将重要信息和新信息放在句子前面,头短尾长。例如,"It is dangerous to drive through this area. "该句子以 It is dangerous 开始,点明主题,突出了重点。

---

① 刘静. 中国文化"走出去"战略背景下的翻译理论与应用研究[M]. 北京:光明日报出版社,2016.

三、中西文化中的时空观念差异分析

各个文化就像拥有自己的语言一样,拥有自己的"时间语言"和"空间语言",因历史文化、风俗习惯、思维方式的不同,中西民族的时间观念和空间观念有着显著的不同。下面将对中西时空观念进行比较分析。

(一)中西时间观念差异

不同文化群体的时间观念存在差异。

多向时间制的中国人支配时间比较随意,灵活性强,且重点是关注过去,因此中国人往往具有由远而近、由大而小、由先而后的聚拢型归纳式思维方式。在西方世界中,人们的时间观念很强,其时间的概念是直线式的,即将过去、现在和将来分得很清楚,且重点关注的是将来,因此西方人往往具有由近而远、由小而大、由后而先的发散型演绎式思维方式。例如,中国人记录时间的顺序是"年、月、日",而西方人记录时间的顺序是"日、月、年"或者是"月、日、年"。

霍尔根据人们利用时间的不同方式,提出一元时间制(mono-chronic time system,亦译为"单向时间制")和多元时间制(poly-chronic time system,亦译为"多向时间制")两大系统。

一元时间制的特征:长计划,短安排,一次只做一件事,已定日程不轻易改变。一元时间制是工业化的必然产物,一般分布在工业化程度较高的地区。其富有效率,但有时显得过于呆板,缺少灵活性。

多元时间制的特征:没有严格的计划性,一次可做多件事,讲究水到渠成。多元时间制是传统农业社会的产物,一般分布在工业化程度较低的地区,虽有人情味,容易对人、对事进行变通(如走后门),但也给人们带来不少烦恼。

德国人都会科学而合理地安排时间,以提高效率。比如,德国人开会,事先都会安排好具体时间及开会议程,一般主持人在会议开始时就告知大家会议所需要的时间,并且在计划和规定的时间内完成相关事项,绝不拖延。例如,在电视剧《大染坊》中有一个情节:宏钳染厂的老板雇了几个德国技工,这几个技工每天早晨八点准时来上班,到下午五点准时下班。有一次,在一个夏天的下午,老板看见这几个技工五点下班,但天上的太阳还很高,于是就问他们:"怎么这么早就下班了? 太阳还没下山呢!"老板得到的回答:"下班的时间到了,已经五点了。"老板告诉他们,在中国,人们的工作习惯是要等到天黑才能下班。后来有一天暴雨将至,天色暗沉下来,于是几个技工便收拾工具要下班。老板看见就问他们原因,得到的回答:"你上次说,天黑了下班,现在天黑了,所以我们下班了。"老板无奈地笑了。

(二)中西空间观念差异

空间观念是指人们在历史发展过程中所形成的与交际距离以及空间距离有关的一种约定俗成的规则,还包括人们在交往过程中所具有的领地意识。由于历史文化背景的不同,中西民族的空间观念有着显著的差异,具体体现在以下两个方面。

1. 区域概念

美国文化人类学家霍尔教授提出了四个区域概念,即亲密区域、个人区域、社交区域和公共区域。下面对中西方的区域概念进行比较分析。

(1)亲密区域

中西方的亲密区域明显存在差异。以握手为例,西方人在与他人握手时一般会距离比较远,甚至到了难以让中国人接受的地步。有时候中国人在与西方人握手的时候,往往会走近一些,但是这会让西方人认为侵犯了他们的亲密区域。因为在西方人看来,这种亲密区域仅仅允许自己至亲的人接触,如父母、配偶、子女等。在他们的亲密区域中,他们可以交谈,可以进行肢体接触。然而,除了这些至亲的人,其他人都会选择后退,甚至后退到自己可以接受的距离。

对于这样的举动,中国人大多认为这是不友好的表现,甚至是冷落人的表现。这就体现了中西方在亲密区域认同上的差异。具体来说,在西方国家,如果有局外人走进了45cm 的距离,即便处于公共场合,也会被认为是对对方的侵扰。但是,中国不存在这一说法,我们认为在公共场合,无论是亲密的人还是陌生人,都是公开的。

（2）个人区域

每个人都存在一个无形的空间范畴，其是自身与他人保持距离的范畴和区域。在某些特定的场合，当有些人将自己的这一空间范畴破坏后，会让人感觉到厌烦和恼怒。这一点在西方国家表现得尤为明显。也就是说，个人的空间范围会因为民族的不同、习俗的差异而产生差异。

空间范围圈的大小很难形成一成不变的概念，其会受到不同文化的影响和制约。即便处于同一国家，这一空间范畴也会因为场合的不同而不同。例如，当一个日本人与一个美国人进行交谈的时候，两个人往往会绕着屋子走。为什么会出现这种情况呢？这是因为美国人为了保持一定的距离会不断向后撤退，日本人则因为自身的观念而不断向对方靠近，显然他们都是为了保证自己观念下的舒适距离。一般情况下，日本人的个人区域是 20cm，而美国人的个人区域是 45cm，日本人向美国人的靠近实际上是侵犯了美国人的个人区域，这是很难被美国人接受的。在美国人眼中，交际距离保持在 50cm 是最恰当的距离，并且这一距离适合于酒会、聚会中。

在交际过程中，中国人在个人区域上会把握一臂的距离。与中国人、英美人相比，日本人、阿拉伯人、非洲人等的这种距离要小很多，而德国人、瑞典人等的距离会更大。

（3）社交区域

在西方国家，偶然相识的朋友或者不熟悉的人，人们的身体不互相接触，并且会保持一定的距离，这一距离大致在 120～360cm 之间。在这些人之间，基本不会涉及隐私问题，所交谈的话题也不会涉及具体人，当其他人介入时也不会被认为是侵扰。

在类似的活动中，中国人的体距一般都不到西方人体距的一半。他们可以只间隔一张桌子的距离，即可以处理自己的事情。在跨文化交往过程中，人们也不期望与他人保持过近的距离，也往往希望距离大一些。但是，这并不能消除区域概念差异上交错重叠的干扰。这些干扰有时候会给人造成困难。中国人认为不那么神秘的事情往往会被西方人认为很神秘，中国人也会认为西方人与他们的体距过大，使人感觉到不友善。

（4）公共区域

在较大的公共场所，人们相互之间所保持的公共区域间距一般大于

360cm。需要注意的是,在英语环境中,即使多达3m的距离也不一定能让西方人失去自我感。在跨文化交际中,人们常会采用不同的妥协方法做出微小的调整,以免造成误会,从而保证交际的有效进行。

2. 领地概念

(1)个人物品领地

在中国人眼中,衣服属于体外之物,与自身的关系并不是十分密切,人们不仅会评价他人的衣物,还会触碰他人的衣物,并且询问价格以及购买的地址等。

中国人的这种观念恰好触碰到了西方人的禁忌。在西方人眼中,服饰属于个人的所有物品,可以用于送人,但是不能与他人共有,人们将自身的服饰看作自己的一部分,因此服饰成为个人领地的一部分。相比较来说,西方人对于个人物品的处置权也是非常看重的,他们认为他人是不得触碰自己的个人物品的。当然,他们会赞赏或者评价他人的个人物品,但是不会去触碰。有时候,西方人也会忍不住触碰他人的个人物品,但这种触碰仅仅出现在比较亲密的人之间。

(2)家庭领地

在中国,人们对家庭领地的概念并不十分强烈,范围也不是非常固定的,只在一些局部或者某一物件上体现出来。例如,男子的工具箱、钓鱼工具等,女子的厨房用具等。总之,中国的家庭领地界限并不十分鲜明。相比之下,西方的女子将厨房等视作自己的个人领地,男子将书房、地下室等视作自己的领地,这些领地是他人不可以侵犯的。此外,家庭领地还包括夫妻卧室、个人喜欢的家具等。

(3)办公室领地

中国人对待事物领属范围的表现,给西方人的印象是漫不经心,易侵犯他人和缺乏礼貌。西方人给中国人的印象则是无感情、冷漠疏远。在西方国家的办公室内,办公桌上的个人物品、办公椅等,未经允许,绝不可随意翻动。在相同的情况下,中国人虽然也会很不愉快,但不会像西方人表现得那么强烈。

(4)教室领地

从学校教室中座位的安排可以看出中西方领地观念的区别。在中国,中小学校习惯于排座位,当座位排好后,一般不会改变,因此客观上来讲座位就成了学生相对固定的个人领域。学生一般都会维护自己的这一领域。但在西方国家,学生对座位的占用一般也只有一节课的时间,很少长时间不变。这是因为西方国家的学校不排座位,在每次上课时,学生可以自由入座,没有固定的领地。不过有些学生也会总是去坐自己常坐的位置,一旦该位置被别人占用,也会感到不愉快,但几乎不会去争抢这块临时领地。

第三章 中国文化传播的重要途径
——语言翻译

　　翻译作为一种重要的沟通工具,在中西方文化发展史上起着不可或缺的重要作用。语言翻译受到众多学者的重视,在其发展过程中人们一直对它展开了研究与探讨,并积累了丰富的理论知识与实践经验。当前,中国传统文化想要在国外传播得更加深远并产生深刻影响,就需要充分利用语言翻译这一工具。为此,本章重点研究中国文化传播的重要途径——语言翻译。

第一节 翻译理论阐释

　　一提到翻译,很多人认为翻译仅仅是两种语言之间的转换。实际上,翻译的覆盖面是非常广泛的,是一门极为复杂的学科,而且与其他学科有着紧密的关系。本节就对翻译的基本知识进行介绍。

一、翻译及其本质

　　翻译学是一门跨学科的综合性学科,它涉及的许多相邻学科便成为研究翻译的多种途径。译者源语理解能力强,译语驾驭能力越强,那么他对翻译本质的认识就越深刻。但这种对翻译本质的认识都必须建立在一定的翻译意图基础上。我们知道,任何作者都有自己写作的意图、表达的主题,以及实现写作意图、完成表达主题的手段。"意图"和"主题",也就是通常所说的内容(即下文所说的理事、情象)。

　　"手段"就是形式(即下文所说的音字句篇)。同样,任何译者也都有翻译意图以及实现意图的手段。这里的翻译意图既可以是指译者自己的意图,也可以是以作者的写作意图为自己的翻译意图。在写作过程中,意图和主题对作者具有操控作用;同样,在翻译过程中翻译意图对译者具有操控作用。关于怎样用译语来实现作者的意图、表达原作的主题,不同的译者往往有不同的看法。正因为不同的译者有不同的看法,从而决定了译者对其他翻译要素的态度。因此,翻译本质在翻译的要素中占有极其重要的地位。

译者对翻译本质的看法最初几乎是与翻译实践同步出现的,它既体现在译者对翻译的直接论述,同时又体现在译者的翻译作品中(最初是体现在口译中,而后才体现在笔译中)。

翻译实践在我国历史上很早便开始了。《册府元龟》的《外臣部·鞮译》记载:"象胥掌蛮夷闽貉戎狄之国,使掌传王之言而谕说焉。""象胥"乃古代翻译官的称呼。尽管我国先秦诸子百家的著作中很难找到有关翻译的详细论述,但《礼记·王制》的论述却揭示了翻译的本质。《礼记·王制》载:"无方之民,言语不通,嗜欲不同。达其志,通其欲,东方曰寄,南方曰象,西方曰狄鞮,北方曰译。"古代翻译官虽然可以有不同的称呼——或寄,或象,或狄鞮,或译,但他们翻译的最终目的和本质在于达"五方之民"之志、通"五方之民"之欲。用今天的话说,翻译的本质在于传达不同民族的思想和情感。唐·孔颖达《礼记·正义》曰:"寄者,言传寄外内语言""象者,言放象外内之言""狄鞮者,鞮,知也,谓通传夷狄语与中国相知""译,陈也,谓陈说外内之言"。唐·贾公彦《周礼·义疏》解释为"译即易,谓换易言语使解也"。

译者虽然具有不同的称呼,但对翻译本质的认识却是一致的,即"达其志,通其欲"。在我国古代典籍中,有关翻译本质的论述虽然只有"达其志,通其欲"短短六个字,却揭示了翻译本质中不可分割的四个方面。首先,"达""通"用作行为动词"翻译"讲,是指翻译实践活动本身。其次,"达""通"作形容词使用(使动用法),指译文的效果,即译文要通顺、要畅达。再次,"其志""其欲"中"其"既可以指外族人(外国人)也可以指本族人。当把外族语译为本族语时,"其志"和"其欲"当然为外族人之"志"、之"欲",而非本族人之"志"、之"欲";当把本族语译为外族语时,"其志""其欲"当为本族人之"志"、之"欲",而非外族人之"志"、之"欲"。可见,不论是外族语到本族语的翻译还是本族语到外族语的翻译,"其"都不是指译者本人,因此翻译时不能随意增添原文中没有的东西。最后,"志"

与"欲"指源语(文)的思想情感内容。也就是说,翻译作为一种语言文字实践活动,既要忠实于原文的内容又要通顺易懂。

《礼记·王制》中"达其欲,通其志"与奈达的"翻译即译意"都强调保持内容的相同性。然而仅有"达其志,通其欲",颇有不足,还需要"得其体"。因为"译事,犹人之穿衣也,人之本也不变,而蔽体之衣也可一日三易。命题犹人之本,语言如蔽体之衣。衣可易可变,然人之本也不变。然人之穿衣亦有讲究,孔颖达云:'体谓容体,谓设官分职,各得其尊卑之体。'简言之,人之穿衣,须搭配得当,得其体也。人之体也,不可削剔,所穿之衣也,须与体相匹配。人体之本所在何也? 在其心,在其意也。人之无心,犹行尸;人之无意,如走肉。人之心,人之意,如何能解欤? 闻其言、览其文也。言成句,句成文,文达心意。成句之法,语言之不同,则有不同之规;成文之法,语言若异,则有相异之矩。规矩虽有不同,然其心意不变矣"。"译事之要旨者,译其心、译其意、得其体也。简言之,译心译意乃译事之本也。"译其心、译其意、得其体,并非仅为翻译的本质,同时也是翻译的标准。要实现翻译的本质,必须有一定的标准来指导翻译实践,衡量翻译的效果。可见,翻译本质决定翻译标准。①

二、翻译的特点

(一)社会性

翻译活动具有社会性,这主要是因为翻译活动对于国与国之间的交流起着巨大的作用。具体来说,表现为如下两点。首先,翻译的社会性体现在交际性上。翻译能够打开人们的思想和心灵,而交流是人们能够理解的前提与基础,理解则是人们从窄到宽的动力。学者邹振环指出,中国古代的翻译工作虽然不能说是尽善尽美的,但是确实对当时的社会交往起着非常重要的作用,有助于推进社会文化的进步与发展。当然,这种影响分为积极的影响和消极的影响,也有正面的影响和负面的影响。

其次,翻译的社会性体现在对社会重大政治活动的影响。例如,对

---

① 颜林海. 英汉互译教程[M]. 北京:科学出版社,2015.

易卜生的《玩偶之家》的翻译,让国人体会到中国妇女应该解放出来,也使得中国社会发生了巨大变化。

(二)文化性

翻译对世界文明的进步与发展作用巨大,而社会的发展与文化有着紧密的关系,因此翻译的社会性中其实也渗透了翻译的文化性。著名学者季羡林这样说道:只要交谈双方具有不同的语言文字,不管是在一个国家,还是在一个民族,都需要翻译的参与,否则彼此就很难进行沟通,文化也很难进行交流,人类社会也无法向前迈进。从季羡林的观点中可以看出,翻译需要民族之间的交往,而在交往中必然会涉及文化内容与信息。

(三)创造性

翻译具有创造性。传统的翻译理论认为翻译仅仅是两种语言之间的转换,其实不然,因为从翻译的社会性与文化性中可以明显看出翻译的创造性。

首先,从社会角度来说,翻译是为了语言之间的交流,是为了传达思想,而思想是开放的,是翻译创造性的前提和基础。

其次,从文化角度来说,翻译中将文化因素导入,是为了激活翻译中的目的语文化,这实际也是在创造。

最后,从语言角度来说,为了能够传达新事物、新观念,创造是必须的,当然翻译也不例外。

三、翻译的分类

翻译是人类社会普遍存在的一种语言实践活动,翻译活动涉及译出语或称源语(source language)和译入语或称目的语(target language)。根据不同情况,翻译可以有不同的分类。

从翻译所涉及的语言来看,翻译可分为语内翻译(intralingua translation)和语际翻译(interlingua translation)。语内翻译指同一语言内不同类别的语言之间的翻译,如中国的古汉语与现代汉语之间的翻译,汉语中不同方言之间的翻译或方言与普通话之间的翻译,英语中某方言与标准英语之间的翻译或转换。语际翻译指不同语言之间的翻译,即本族语与外语之间的翻译。由于不同语言之间存在着更多文化习俗、语言系统、语义系统等方面的差异,因此一般意义上的翻译都是指语际翻译。

从翻译的形式来看,翻译可分为口头翻译(interpretation,口译人员为 interpreter)和笔头翻译(translation,笔译人员为 translator)。随着科学技术的发展,出现了另一种翻译方式即机器翻译(machine translation),机器翻译主要依赖于计算机软件程序来实现不同语言之间的转换。不过,由于语际翻译所涉及的不单纯是词语、句子、段落、语法方面的对应匹配关系,文本词语的多义性问题,语篇所内含的情感因素、心理因素以及读者对字里行间蕴含意义的体验等问题,目前都还不是软件编程所能完全解决的。因此,机器翻译的质量和运用范围仍然有限。

从文本类型来看,翻译还可分为文学类翻译、科技类翻译、新闻时事类翻译、政策法规类翻译、实用类翻译等。文学类翻译涉及小说、散文、诗歌、戏剧等文学作品的翻译。科技类翻译包括各专业学科领域文本,如科技报告、科技论文的翻译。新闻时事类翻译包括电台、电视、报刊、网络等媒体中各类新闻和时事的翻译。政策法规类翻译不仅涉及国内外政府、组织的文件和报告,还包括各级各类法律文本、规章制度、契约合同的翻译。实用类翻译包括各类旅游宣传、广告、信函、文书等的翻译。随着我国经济改革的进一步深化,对外开放的进一步扩大,科技类和实用类翻译的运用将比过去任何时候都更为广泛。

另外,从处理手段入手,可以将翻译划分为全译、摘译和编译。全译指的是完整翻译原文文本的内容和语篇,这种翻译形式在实践中是最常见的。摘译指的是以使用者需要为基础,只对文本的特定部分进行翻译的形式,也称选择性翻译,如只翻译文本的某些章节、段落、语句等。编译指的是在全译或摘译的同时,将文本内容做进一步的加工、组合、扩充和升华。

四、翻译的具体过程

一般认为,翻译过程大体可分为理解(Comprehension)、表达(Representation)、审校(Proofreading and Correction)三个阶段。理解是表达的基础,理解是否准确直接影响到表达的效果,这对译者的专业素养和知识储备进一步做出要求。表达是翻译成功的关键环节,表达不仅要求保持原文的内容、风格和特色,还要求符合译语的表达习惯。通顺的表达要求译者具备很高的译语水平。在校对的过程中,审校起着把关的作用,即使理解再透彻,表达再恰当,也难免会有疏漏或不当之处。没有哪部译作不是经过译者数次细心校改、润色才最后成型的。因此,理解、表达、审校这三个步骤在翻译过程中缺一不可,下面着重分析理解和表达这两个过程。

(一)翻译过程中的理解

理解是翻译的第一个步骤,理解是表达的前提,没有正确的理解就谈不上准确的表达。在翻译的过程中,译者首先扮演的是原文的读者角色,译者的理解能力取决于他(她)掌握的百科知识、逻辑推理能力以及双语转换能力。翻译的理解过程就是一个源语的解码过程,译者必须以源语文化为背景,根据源语语言表达式进行推理和阐释,以获取原文所表达的交际信息。只有这样才能达到对原作的透彻理解。理解有多层含义:译者必须结合语篇上下文理解原文的词汇含义、句法结构和惯用法等。

从图 3-1 与图 3-2 可以看出,在翻译的过程中,实际上有四种信息,即原文作者通过源语形式所表达的信息(To, the original thought),译者作为读者阅读原文后所得到的信息(Ta, the acquired thought),译者作为原文作者的代言人通过译语形式所表达的信息(Tr, the reproduced thought),译语读者阅读译文后所理解的信息(Ti, the acquired thought)。整个翻译过程分为解码和编码两个阶段,解码就是原文的理解,编码就是译文的表达。所以,翻译的实质就是理解和让人理解,目的是让信息在两种不同的语言之间流动。

1. 理解原文的词汇含义

一名合格的译者必须从汉语语篇的最基本单位——词汇的理解开始,逐步上升到短语、句子、句段和语篇的理解,在英汉翻译中,我们首先要了解原文词汇的概念意义,准确把握原文的概念意义是翻译的基本要求之一。翻译的过程中切忌望文生义。例如,如果我们把"突然一声巨响把他吓了一跳。"翻译成:"A sudden loud bang gave him a start."这个译法就不妥,因为 bang 的释义为:sudden-loud noise(突然的巨响)。原译中 a sudden loud 属于冗余成分,应改译为:"A bang gave him a start."不同的汉语词汇因为概念意义不同,可以翻译成不同的英语单词。

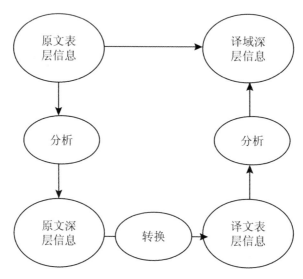

图 3-1　翻译过程中的四种信息

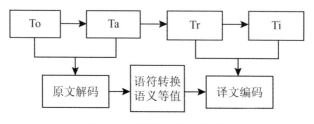

图 3-2　翻译的语义转换

有时候,同一个汉语词语翻译成英语要注意一词多译现象,同一个词语我们需要根据上下文翻译成不同的英语词语。例如,我们经常说一窝蜜蜂、一窝小鸡、一窝幼犬,在英文中,"一窝蜜蜂"通常说成 a warm of bees,因为 a swarm of 表示 a large group of insects,especially bees,moving together;"一窝小鸡"通常说成 a brood of chickens,因为 a brood of 表示 a family of young birds or chickens all born at the same time;"一窝幼犬"只能说成 a herd of puppet dogs,因为 a herd of 表示 a group of animals of one kind that live and feed together。所以，要达到正确理解，我们必须勤查词典，注意相应量词的概念意义差异，注意词语的固定搭配。在汉语中，"养父"和"养子"的"养"都是同一个汉字，但在英语中却有差别："养父"一般说成 foster father，而"养子"一般说成 adopted son/adoptive son。英文中 adopt 表示"收养""采纳"的意思，如"收养一名孤儿"(adopt an orphan)，"采纳一条建议"(adopt a suggestion)。我们经常提到生母、养母、继母等词语，英文中分别说成：

生母 biological/natural mother

养母 foster/adoptive mother

继母 step mother

代理母亲 surrogate mother

"养母"可以说成 adoptive mother 或者 foster mother，但不能说成 adopted mother，这里 adoptive 表示"有收养关系的"意思，而 adopted 表示"被收养的"，所以"养子"一般说成 adopted son/adoptive son，而"养父母"一般说成 foster parents。英文中还有 housing father 和 housing mother，他们专门照顾别人寄养的小孩；surrogate mother 表示"代理母亲"(a woman who bears a child for a couple where the wife is unable to do so，or a woman who has a baby for another woman who is unable to become pregnant or have a baby herself)。

如英国小说《名利场》中有这样一个句子，说一个死者是："… who is a good Christian，good parent，child，wife or husband."翻译家杨绛先生根据不同的上下文搭配，将一个 good 译得绚丽多彩："……虔诚的教徒，慈爱的父母，孝顺的女儿，贤良的妻子，尽职的丈夫。"《毛泽东选集》中有一句话，"我们的连长半夜起来给战士盖被子。"如果不了解中西文化语境的差异，照字面翻译为："Our commander will get up in midnight to cover the quilts for his soldiers."英美人就会感到迷惑，连长怎么不尊重士兵的隐私权，随便闯入士兵宿舍呢？或者士兵这么小，连被子都不会自己盖，那怎么打仗啊？所以，根据中西文化差异，我们应该改译为："Our commander will get up in midnight to make sure whether his soldiers are properly-covered."这样翻译就不会引起误解了。

英国语言学家马林诺夫斯基指出：语境与词语紧密联系在一起，语言环境对于翻译而言是不可或缺的。语境的影响主要体现在五个方面：(1)语境使意义具体化；(2)语境使意义单一化；(3)语境使词语有了修辞意义;(4)语境使词语有了社会意义;(5)语境使词语有了临时意义。翻译的一大困难就是对原文理解的准确性和有效性。

总之,要达到正确理解,必须保证做到以下几点:(1)动笔之前,通览全文,弄清楚原文的逻辑思路和句法结构;(2)参照上下文判断词义,不可断章取义;(3)勤查工具书,确定词语的概念意义和联想意义,切不可望文生义;(4)学会运用各种检索工具,广泛阅览,拓展知识面。

另外,我们要注意一词多义现象(polysemous words)。"一词多义"是指一个词语有多个义项,且义项之间有派生引申关系。例如,英语中的 run 有"跑""逃亡""运行""流""熔化""传播""继续"等意义,汉语中的"打"有"撞击""攻打""制作""编织""拍击""捆扎""购买""挖掘"等意义。一字多义在汉语中相当普遍,以中文中的"吃"为例,词典中有多个意义和搭配:

吃饭 have a meal

吃药 take medicine

吃豆腐 flirt with a woman

吃馆子 dine out

吃喜酒 attend the wedding banquet

吃醋 be jealous/turn green with envy

吃回扣 get commission

吃耳光 get a slap in the face

吃官司 get into trouble with the lawsuit;be sued

吃苦 bear hardship

吃亏 suffer losses

吃不消 be unable to stand

吃瘪 be beaten,acknowledge defeat

吃不开 be unpopular

连吃败仗 suffer one defeat after another

腿上吃了一枪 get a shot at the leg

吃了闭门羹 be denied entrance at the door

吃透了 have a thorough understanding of sth.

这种纸不吃墨水。

This kind of paper doesn't absorb ink.

这件事如果你说出去,我叫你吃不了兜着走。

If you expose the secret, I will make you sorry for it.

我走了一天的路，感到很吃力。

After a long day's walk, I felt exhausted.

今年环境形势吃紧。

The environmental situation is critical this year.

炒茄子很吃油。

Eggplant calls for a lot of oil in cooking.

2. 理解原文的语法结构

我们必须在充分了解英汉两种语言在各个角度方面(词汇、句子、语篇等层面)存在的差异的基础上，采取相应的翻译方法。在翻译之前，我们首先要熟练掌握英汉语的句法结构。"形合法"是英语句法结构常采用的形式，其注重结构的稳定、严密、紧凑，"主语＋谓语"是英语句子的核心，在此基础上确定了六大主要句式，句子内容虽然变化多样，但核心成分基本不变。汉语句子结构采取"意合法"，以表意为主，句子结构简练明快，句型结构系统远比英语复杂。汉译英时，我们要先理解汉语句子的意义，然后才能判断其句法结构；英语句子的处理则倒过来，要先理解英语句子的句法结构，然后才能判断其意义。

例如，"Please make her dress fast."这里同一个词的词性可以做两种不同的理解，句子中 her 既可以视为宾格，也可以视为所有格，dress 可作名词，充当 make 的宾语，也可以理解为动词，作 her 的补足语。这种语法上的歧义多由词类转化引起，从而引起两种不同的语法结构关系，即前者翻译为：请快点做她的衣服；后者翻译为：请让她快点穿衣服。

当同一词语在句中具备不同的语法功能时会引起歧义。赵元任先生在《北京口语语法》(吕叔湘译)中也谈到了一个有趣的例子："鸡不吃了。"这句话必须先理解其含义，才能判断其句法结构。如果是"鸡不吃食了"，我们可以译为："The chicken stopped eating."如果是"我们不想吃鸡了"，可以译为："We don't want to eat chicken any more."又比如，"这篇文章你给我看看，好吗？"如果"给"作动词，"我"为"给"的宾语，意为："你把这篇文章给我，让我看看，好吗？"我们可以译为："Could you allow me to take a look at the paper?"如果"给"作介词，"给我"作状语，意为："这篇文章你替我看看，好吗？"我们可以译为："Could you do me a favor to read the paper for me?"

在汉英翻译中要理解原文的句法结构并注意汉英句法的转换。在大多数情况下,汉英两种语言的主谓搭配是相通的。一般来说,汉语的主谓关系没有英语那么密切,汉语中流水句多。英语句子里往往只有一个主谓搭配,其他成分多以非谓语动词的形式挂在 S—V 主干上。因此,汉译英时必须注重句子主谓宾的重组,译文将什么作为主语,如何与谓语搭配,都需要再三思考,通常情况下,翻译时常见的方法是:在汉译英时将意合变为形合,在英译汉时将形合变为意合。换言之,就是采用与原文相反的形式。①

从词汇角度上看,译者不仅要进行词义辨析,还必须要时刻关注词的语义范围和形态的变化。英语词汇形态上会发生变化,而汉语没有,所以要将两种语言的词类进行更加细化的区分。例如,汉语实词较多,虚词较少,英语则正好相反。所以,汉语喜欢使用动词,而英语喜欢使用介词和名词。在进行汉英翻译时,我们不要盲目地跟着原文走,把名词译为名词,动词译为动词,形容词译为形容词,这样做会忽视了汉英语法之间的差异,译出来的句子往往不合乎英语语法特点,显得比较生硬。例如:

屈原满怀悲痛,抱着石头投汨罗江自杀了。

译文 1:Qu Yuan,with a sad feeling,held a large stone in his arms,jumped into the Miluo River and committed suicide.

译文 2:Overwhelmed with grief,Qu Yuan drowned himself in the Miluo River with a large stone in his arms.

"抱石""投江""自杀"是三个动词,倘若完全照原文字面翻译,不但句式表达十分刻板生硬,而且表达不够准确,drown oneself (in a river)才是英语中投江自杀的正确表达法,jump into a river and commit suicide这种说法是错误的。

从语篇角度上看,形合为主,意合为辅是英语语篇的主要特点,形合多体现于句中,意合多体现于语篇内;汉语则恰恰相反,其语篇特点为意合为主,形合为辅,意合多体现于句中,形合多体现于语篇内,其主要形式为互文见意和同字重复的骈偶,而英语很少有重复的形式,即便在特定的语句、段落里需要重复某个词语,也会选择同义词或短

---

① 陆莉莉.中国文化的翻译研究[M].天津:天津科学技术出版社,2017.

语进行替换,进而避免重复现象的发生。汉语中为起到加强语气和节奏的作用,常常使用叠词。另外,英语中使用代词的频率要比汉语高得多,因此翻译工作者在进行汉译英翻译时,要尽量避免使用重复词语,也要多多使用代词;英译汉时尽可能多地使用实词,少用代词,采用符合原文的组织手段对文本进行处理,更好地贴合原文本的语言风格。

3. 理解原文的逻辑关系

意义是翻译工作的核心。要解决理解问题,译者必须抱着严谨的科学态度,对原文进行语言分析、语境分析和逻辑分析。为透彻理解原文,译者往往必须结合上下文理解原文的逻辑关系,翻译时要尊重译语的语言逻辑,不同民族有不同的思维方式,不同语言有其特定的思维逻辑。例如,汉语中我们说"红茶",英文中说 black tea,汉语中我们说"闲人免进",英文中说 Staff Only。从以下汉英表达方式中,也能看出汉英在语言和思维逻辑方面的不同。

油漆未干 wet paint

兄弟城市 sister city

红糖 brown sugar

减肥茶 diet tea

黑面包 brown bread

九五折 five percent discount

子细胞 daughter cell

全天开放 Access All Day

不收门票 Admission Free

我们理解时要留意原文语句的感情色彩、形象色彩及语体色彩。

阡陌交通,鸡犬相闻。(陶渊明《桃花源记》)

原文中的"鸡犬相闻"用意在于表现桃花源里乡村平安祥和的生活气氛,如果照字面直译就成了 cock-crow and dog-bark(鸡鸣狗叫),这嘈杂和喧闹会在英美人的心目中形成不快的景象,而且 highways 这个词用在这里破坏了《桃花源记》中田园牧歌式的宁静。为了避免产生这种负面含义,改译时可以加上 friendly 一词。

要注意语段中英汉修辞差异造成的逻辑矛盾。段落是小于语篇的语义单位,是一个在概念上比句子更大的翻译分析单位。它可能是一个句群,也可能只是一个句子。有时候,汉语原文出于某种需要使用了几种修辞手段,它们在汉语中是合乎逻辑的,但是如果直译为英语,要注意避免修辞手段造成逻辑上的混乱。例如:

王小玉便启朱唇、发皓齿,唱了几句书儿。

译文1:Now open her rosy lip and her ivory white teeth shine,her song begins!

译文2:Little Jade Wang then opened her vermilion lips,displaying her sparking white teeth. and sang several phrases.

译文3:Little Jade then parted her rosy lips and sang a few lines of romance.

译文3采用省译,保留了人物的形象美,翻译中抓住了词语的真正含义,避免了损害人物形象。

(二)翻译过程中的表达

表达指的是在充分理解原文的基础上,将其用另一种语言进行表述的过程。翻译就是理解和让人理解。汉语和英语在语法形式、思维方式、表达习惯等方面存在明显区别,致使不同语言相互转化时要面临很多困难。翻译难,主要难在表达。

1. 表达时要注意一词多译

语言学家利奇从语义的角度将意义划分为三类,即概念意义(conceptual meaning)、联想意义(associative meaning)和主题意义(thematic meaning),从语义学上说,英文中有些单词具有相同的词性和概念意义,这些词在词义的内涵和分布上存在一定差异,其中我们要特别注意词语概念意义的多样性。例如,"激烈的竞争",既可以说 great competition,也可说 violent competition, intense competition, fierce competition 或 growing competition。

基本工资 basic wages

基本建设 capital construction

基本设施 infrastructure

基本物质 essential commodity

基本工业 primary industry

基本利益 fundamental interest

一词多译时我们要注意同形和同义词语的辨析。如果我们不了解词汇的指称差异和内涵差异,就不能在汉译英中恰如其分地把握词汇的准确含义,如形容词 enviable(值得羡慕的)和 envious(满怀嫉妒的,羡慕的)都源于词根 envy,但是二者含义是不一样的。

她是个令人羡慕的女人,工作优越,家庭幸福。

She is an enviable woman because she has a well-paid job and a happy family life.

她以羡慕的目光看着姐姐的新连衣裙。

She cast envious glances at her sister's new dress.

除了一词多译,表达时我们还要注意一句多译,有时候一句话在英文中往往有好几个对应的表达法。例如,在酒店或酒吧,侍应生常问客人点什么饮料:"先生,您要茶还是咖啡?"我们既可以译为:Would you prefer tea or coffee, Sir? 也可以译为:Shall I serve you tea or coffee, Sir? 同样,汉语谚语"人非圣贤,孰能无过?",英文中就有几种对应的译法:

Nobody is faultless. Nobody is stainless.

Even Homer sometimes nods.

There is no rose without thorns.

To err is human, to forgive, divine.

根据"信、达、切"的翻译原则判断,最后一个译文从风格上最贴近原文。一句多译还要结合上下文和语境翻译,译文以读者阅读效果为准。如果一个小孩调皮哭泣,家长会说:"别理她,让她哭,过会就好了。"我们可以译为:"Leave her alone. She will be all right in a minute."如果照字面译为:"Don't pay attention to her. Leave her crying there."这就是不合乎语境的死译。

2. 表达时的感情色彩和语用差异

从语义学上说,具有相同指称词义(denotation)的词,往往具有不同的内涵词义(connotation)和感情色彩。词汇按照感情色彩可以分为褒义(commendatory)、中性(neutral)和贬义(derogatory)。进行一对多的翻译选择的时候,要注意词义的感情褒贬。邓炎昌教授在《语言与文化》(1989)一书中举过一个例子:"一颗红心,两种准备",表示大学生毕业后应做好两种思想准备,或者留城工作,或者到艰苦地方去为人民服务,如果照字面意思翻译成英文 a red heart with two preparations,就会引起英语读者误解,因为红色在中文中是褒义,表示革命的、忠心耿耿的,而 red 在英语中可表示暴力和流血,多含有贬义。① 这里 a red heart 让英语读者想起的是心脏移植手术,two preparations 暗示该手术有可能成功,也有可能失败,所以在翻译过程中,译者必须注意汉语词汇的内涵词义和感情色彩,严格按照原文的精神来进行,否则就会造成误译。"一颗红心,两种准备"我们可以译为:be mentally prepared for any job opportunities after college graduation,whether in big cities or in small towns.

3. 注意词语的固定搭配

英语中有很多固定习语和表达法,在汉英翻译时必须注意这些固定搭配和用法。例如,(sb.) be in possession of (sth.)表示某人拥有什么东西,而(sth.) be in the possession of (sb.)表示什么东西被某人拥有,前者表示主动,后者表示被动。"我见到西瓜就想吃"可译为"I cannot resist watermelon."这里 cannot resist 的含义是"忍不住要",后面可以跟动名词,也可以跟名词。resist 是否定词,与 cannot 搭配就是否定加否定等于肯定。因此,"I cannot resist forming one hypothesis on every research program."不能译为"并非对每一个问题我都能够构想出一个理想的假设",而应译为"对每一个研究项目我都要提出一个假设"。

汉语的"打"和不同的词语搭配形成不同的固定用法,英译时需要做不同的处理:

打电话 make a phone call

打篮球 play basketball

打牌 play cards

打的 take a taxi

打毛衣 knit a woolen sweater

---

① 陆莉莉. 中国文化的翻译研究[M]. 天津:天津科学技术出版社,2017.

打开水 go to fetch some boiling water

打农药 spray insecticide（on the plants）

打官腔 speak in a bureaucratic tone；talk like a bureaucrat

打官司 go to court（law）；engage in a lawsuit

打光棍 remain a bachelor（single）

打交道 come into（make）contact with；have dealings with

打开天窗说亮话 frankly speaking；let's not mince matters

打前站 act as an advance party；set out in advance to make arrangements

打招呼 greet sb.；say hello；warn；remind

打折扣 sell at a discount；give a discount

有时一个词、一个词组或一个句子可能有几种不同的意思，要仔细推敲，分析词语使用的语用环境，然后根据译文固定表达法来决定哪种译法正确。例如，汉语中有个成语"人山人海"，英语也使用类似的表达法：a（the）sea of faces。不过在英文习语 a（the）sea of faces 中，说话者通常要在台上或高处，才有"人海"的感觉。

望着一片人山人海的听众，马丁·路德·金发表了一篇动人的演说。

译文：Looking out upon the sea of faces，Martin L. King delivered a touching speech.

威廉王子和王妃凯特站在白金汉宫的凉台上，看到人山人海的民众挥手向他们致意。

Standing at the balcony of the Buckingham Palace，Prince William and Princess Kate saw a sea of faces waving at them.

第二节　文化翻译的概念与误区

一、文化翻译的概念

在对文化翻译进行界定时，不能简单地将其理解为翻译文化的过程,虽然文化因素的处理是翻译理论和实践中的一个非常重要的问题。就整体而言,民族文化是不能进行翻译的,也无需翻译。翻译所要处理的对象属于文字类的文化产品,是文化的一个组成部分。在翻译研究中,文化翻译是一个全新的观念。如果说传统的翻译研究仅仅限于文本之间的相互转换,探索且构建了多种不同的翻译模式,提出了很多翻译标准,研究对象属于"纯翻译",那么文化翻译则以现实的翻译为研究对象,其并不是理想化的实践活动,它受主观与客观因素的影响,是在两种具体的文化之间进行的一种跨文化活动。①

二、文化翻译的误区

作为文化之间交流的一种手段,翻译往往受制于译者对翻译的认识。由于译者在认识上存在多个层面的误区,因此翻译也会存在某些弊端。这些误区的存在导致文化的神采逐渐被淹没,也会造成文化交流中出现严重的冲突。

(一)文化缺位

"文化缺位"这一概念首先是由苏联著名的翻译理论家索罗金等人提出的。所谓"文化缺位",即在不同民族之间所有事物、所有观念存在的空缺情况。人们在接受新的文化信息的时候,往往会将已有的旧文化认知激活,从而构建对新文化信息的理解与把握。不同的民族,他们的文化认知也必然存在差异,正是这种差异的存在导致了文化缺位的产生。

1. 文化缺位的内涵

苏联翻译理论家巴尔胡达罗夫(Barkhudarov,1975)对比和分析了不同语言中的词汇,提出在另一种语言中存在不等值的词汇。

1980年末期,苏联学者索罗金(Sorokin)正式提出了"缺位"这一理论,他通过对不同民族的话语展开深入研究,对"缺位"下了一个明确的定义,即认为一种文化在另一种文化中处于缺省的状态。

---

① 邹少先.文化翻译的基本概念和手法[J].科技资讯,2008,(1).

我国学者对文化空缺现象也进行过研究和探讨。

何秋和(1997)认为,在每一个民族中,都存在其特殊的语言文化,这些在其他民族中并不具备,这就是"缺位"的表现。

王秉钦教授(1995)认为,"缺位"指的是一种民族中的语言文化不被其他民族明白与接受的空白情况。

可以看出,对"缺位"的界定有很多,但是这些界定都存在一个明显的特点,即都认为受到不同民族文化差异的影响,一种语言中存在的概念或现象在另一种语言中不存在,或者找不到与之相似的情况,这就导致了缺位。

2. 文化缺位的特点

(1)不理解性

文化缺位的第一大特点就是不理解性。例如,在英语语言中,屈折现象是非常常见的,且名词数、格、时态等也都有着深层的意义。这在汉语中并不存在,故很难被汉语民族理解。

(2)不习惯性

文化缺位的第二大特点就是不习惯性,即两种语言在语法、词汇层面表现的差异。同时,两种语言在引发联想、对事物的区分上也存在明显的不同,因此将这种现象又称为"异域性"。其在对事物的认知与表达层面体现得尤为明显。例如,英语中 aunt 一词是大家熟知的,很多人也知道其既可以代表"阿姨",也可以代表"舅妈""伯母"等。但是,在汉语中,由于中国人等级划分非常鲜明,因此很容易让中国人不理解、不习惯。

(3)陌生性

文化缺位的第三大特点是陌生性,即两种语言在修辞、表达、搭配等层面产生的联想与情感不同。例如:

一丈青大娘大骂人,**就像雨打芭蕉**,长短句,四六体,鼓点似的骂一天,一气呵成,也不倒嗓子。

上例中,加黑的部分采用了比喻的修辞,这种通过用喻体来代替本体的说法,可以给整个语言增添色彩。但是,对于西方民族来说,这种现象并不常见,因此会是陌生的、新奇的。

(4)误读性

不同文化在摩擦与接触中,文化之间出现误读的情况是非常常见的。也就是说,对于一种文化中的现象,另一种文化中的人们会采用自身的思维对其进行解读,那么很容易出现不确定情况或误读情况。

例如,在澳大利亚,袋鼠是一种常见的动物。18 世纪,探险家们刚见到这一动物,就询问当地居民它的名字,当地居民告诉探险家是 Kangaroo。因此,在探险家脑中,这一词就自然而言地形成了,且含义就是"袋鼠"。实际上,其本意是"我不知道"。但是,久而久之,这个名字也就这样固定下来,人们也就不会探究其真伪了。

(二)文化错位

所谓文化错位,即人们对同一文化事物、同一文化现象产生的内涵解读与认知联想上的错位。文化错位现象常常在不同的文化圈内发生。一般来说,一个文化圈的人只对本圈的事物有一定的认知,而对其他文化圈的事物不了解或者缺乏认知,这样一来在跨文化交际的过程中,人们习惯用本圈的认知对其他文化圈的事物加以判断,从而产生文化错位。

同一文化事物、同一文化现象在不同的文化圈里会有不同的指称形式,也可能会产生不同的联想。即便处于同一语境中,虽然读音相同、词语文字相近,其内涵意义也可能存在某些差异,这就是文化错位的表现。下面具体来分析文化错位的几种类型。

1. 指称错位

每一个民族,其对事物的分类标准都有各自的特征,都习惯用自己熟悉的事物对其他事物进行指称。指称错位即在不同的文化环境下,同一事物、同一现象在语言上的指称概念存在错位性差异。当然,造成这一错位性差异的因素有很多,如历史差异、地域差异等。这些差异导致有些词汇的表面意义相同,但是实质含义不同,或者指称含义相同,但是表达形式不同,或者表达形式相同,但指称含义不同。

2. 情感错位

所谓情感错位,即在不同的文化背景下,人们对同一事物、同一现象所赋予的情感会存在错位现象。不同民族,其情感倾向可能是不同的,这就有可能造成情感错位。一般来说,情感错位包含如下两点。

（1）宏观情感错位

基于哲学的背景，中西方国家对同样的事物的情感倾向会存在明显差异，这就导致价值判断的差异性。中国人往往比较注重共性，比较内敛；相比之下，西方人注重个性，比较直接。因此，在跨文化交际的过程中，会出现宏观情感的错位。例如：

无论是在英语中，还是在汉语中，表达感谢的言语行为是十分常见的，但是所使用的频次与场合却存在明显差异。西方人不仅对同事、上司、陌生人的帮助表达深深地感谢，对那些关系亲密的朋友、亲属也会表达谢意。例如，丈夫给妻子冲一杯咖啡，妻子会表达感谢；儿子给爸爸拿一份报纸，爸爸也会表达感谢等。与之相比，由于中国人的传统观念，下属为上司办事是应尽的义务，因此没必要说感谢，而且家庭成员之间不需要表达感谢，因为在中国人看来，亲属之间表达感谢会让人觉得很见外。另外，对他人给予的夸奖或者关心，西方人都会表达感谢。例如，西方人觉得别人关心自己时，往往会说"Have a good flight?""Not at all bad，thank you."用这样的话语表达对对方的感谢。同时，西方人在公共场合发言之后，一定要听到听众的道谢之声，这样才能让发言者感受到听众在认真地听他说话。因此，"Thank you!"在英语中使用频率颇高，甚至高于汉语中的"谢谢"。中国人在表达感谢时主要是感谢人，而西方人除了要感谢人，还要感谢物品，甚至会感谢时间。因此，西方人常用"Thank you for your time."等这样的表达。

受传统文化的影响，请求在英汉言语交际行为中也非常常见。中国人在请求时要么直接，要么过于间接，经常会用暗示的方式请求他人。在中国，地位较高的人、年长的人向地位较低的人、年轻的人提出请求是非常合理的，因此往往是直接表达请求。例如，总裁对秘书说"小李，把这个材料复制一下"，这种就是直接式的请求，往往会使用祈使句。但是这对于西方人来说，往往会觉得很突兀或者非常不礼貌。地位较低的人、年幼者向地位较高的人、年长者提出请求时，往往会比较谨慎小心，采用婉转或者间接的方式提出。发话人在提出请求时，往往也会建立一个情景框架，这样可以让对方听起来更为合理，使对方有一个思想上的准备。例如，某员工向老板请假，一般会说"主任，我今天不舒服，所以我今天请个假"。但是这种过于间接的方式往往会让西方人感到迷茫。西方人在请求他人做事时，往往会使用不同的间接式言语行为来表达文明或者礼貌，直接或者间接的程度往往受请求者、被请求者的熟悉程度、社会地位,以及请求内容的难易程度等的影响。被请求者的年龄越大、社会地位越高,间接的程度就会越大。另外,请求行为的直接还是间接,还会受到场合、环境等的影响。在西方社会,人们多会根据句法结构的变化来实现请求,或者根据语句的言外之力来实现请求的目标。例如,要问他人借笔,按直/间接程度的不同,可以说:

Give me a pen.

Lend me a pen, please.

Hi, buddy, I would appreciate it if you'd let me use your pen.

Would you please lend me a pen?

I'm sorry to bother you, but can I ask you for a pen?

在请求时,中西方可能都会采用直接的手法,但是直接的原因不同。中国人往往受传统思维的影响,会出于他人的取向和面子来考虑实施请求,他们尽量做到不损害他人的面子。而西方人与个人取向有着密切的关系,人们在向他人提出请求的时候往往会比较委婉,尽量不给人强加的感觉,他们首先考虑的是不能损害彼此的消极面子。

除了请求,还有拒绝。拒绝主要是围绕请求、邀请等展开的。汉语拒绝言语行为的影响因素主要是社会地位,地位较低者在拒绝地位较高者的建议或者请求时,往往会表达遗憾和道歉,但是地位较高者拒绝地位较低者时往往不需要道歉。受平等的人际关系取向的影响,西方人对社会地位较高的人并不会像中国人那样敏感,他们不会十分在意地位是否平等,不同社会地位的人在拒绝建议与请求时,都会表达遗憾和道歉。如果关系较为明朗,如亲朋之间,美国人倾向于使用 no 等更为直接的方式;如果关系不够明朗,即较为熟悉的同事与同学之间,人们倾向于间接的拒绝,具体如下。

表示遗憾:I am sorry…

陈述拒绝原因:I have a headache.

对请求者移情:Don't worry about it.

表示自己的态度语:"I'd like to… but…"

哲理性的表态:One can't be too careful?

原则的表示:I never do business with friends.

表示未来可能接受请求的愿望或可能性:If you had asked me earlier…

此外,寒暄非常常见,如果一个人善于寒暄,那么他就更容易打开交际,如果一个人不善于寒暄,那么就会让对方感到冷场,交谈很难进行下去。虽然寒暄语并不会传递什么有价值的信息，但是在交际中也是非常重要的。交际双方注意的并不是寒暄语的语义，而是其所传达的情感。中国人在寒暄时往往会说"到哪儿去？""你吃了吗？"这些话语仅仅是为了客套，问答的双方都不会将其视作有意义的话题。但是，西方人听到这类的话会认为你要请他吃饭或者其他什么目的。西方人见面时往往会说"Hi""Hello""Good morning"等，但是不会询问与他人隐私相关的事情。此外，中国人在寒暄时往往会问一些与钱财、年龄等相关的话题，对方也不会介意，但是如果西方人听到这样的问题，会认为你侵犯了他的隐私。西方人在寒暄时会谈及天气等与个人无关的话题。另外，中国人在见面时往往会根据具体的情况说"买菜呀！""打球呢！"这样的话，西方人很难理解这些描述，认为这些话没有任何意义。中国人还往往以称呼来与对方进行寒暄，如"张老师""李总"这样的称呼，是对老师、上司的寒暄。

（2）微观情感错位

微观情感错位是人们对具体事物的情感倾向的错位。下面以颜色词为例来说明。

由于中西方文化在很多层面存在差异性，这导致英汉两种语言也各具特色，表达形式纷繁复杂。其中，颜色词所蕴含的象征意义就是中西文化差异的一种明显的表现。中国人对于红色是非常偏好的，认为红色代表着喜庆、吉祥如意，但是忌讳白色，因为在中国人眼中，白色代表的是贫困，有丧葬的意思。相较于中国人对于颜色的偏好，西方的不同国家有着不同的偏好。埃及人对于明亮的色调是非常推崇的，认为白底或黑底上面的绿色、橙色、红色等是很搭配的颜色，但是他们对紫色、黄色特别厌恶，认为这些颜色代表着死亡或者丧葬。摩洛哥人喜欢黄色与粉红色，这是吉祥的颜色，厌恶白色，认为白色代表着丧葬与贫穷。法国人、比利时人认为蓝色不吉利，因此厌恶蓝色。意大利人对于艳丽的颜色是非常喜欢的，认为紫色代表着消极。

3. 类比错位

类比错位是指不同文化群族用于借指比喻的事物所表达的含义的错位。

(1)类比物的错位

在不同的自然环境和社会背景中，人们会接触到不同的事物。古代中国人长期生存在小农经济体制下，所以物产丰富，类比物多种多样，并且多与农业相联系；而西方民族的生存环境相对狭小，物产资源相对贫乏，且生产方式从畜牧转变为工业，其类比物多与牧业、工业相关。

(2)类比含义的错位

人们往往借助熟悉的事物来表达某种含义，这就是借喻。在不同的文化里，相同的类比可能具有不同的含义，此时不能直译。例如，"The sorority had a hen party for its members."中的 hen 不能译为"鸡"，此处的 hen party 在英语中是指"女性聚会"。

第三节　译者应具备的跨文化素养

一、译者应具备一定的跨文化能力

(一)言语交际能力

语言是人们进行交际的重要因素之一。语言跨越了人们的心理、社会等层面，与之相关的领域也很多。对语言进行研究不仅是语言学的任务，也是心理学、社会学等学科的任务和内容。因此，语言与交际关系的研究具有明显的跨学科性。人具有很多特征，如可以制作工具、可以直立行走、具有灵巧的双手等，但是最能够将人的本质特征反映出来的是人的语言。人之外的动物也可以通过各种符号来进行信息的传递，如海豚、蜜蜂等都可以传递信息，但是它们所传递的信息只能表达简单的意义，它们的"语言"是不具备语法规则的，也不具有语用的规则。人们往往通过语言对外部世界进行认识与理解。语言具有分类的功能，通过分类，人们可以对事物有清晰的了解与把握。人们的词汇量越丰富，他们对外部世界的认识就越清晰、越精细。

1. 言语交际的过程

人们在进行言语交际时,往往会存在一个信息取舍的过程。下面通过图3-3来表达言语交际的具体过程。

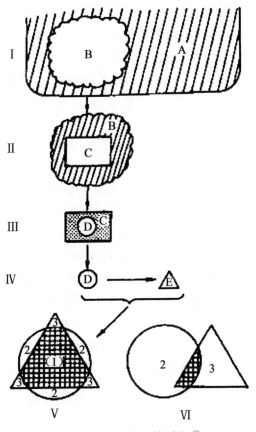

图3-3 言语交际的过程①

(资料来源:陈俊森、樊葳葳、钟华,2006)

在图3-3中,A代表的是人们生活的无限世界,B代表的是人类的听觉、视觉、嗅觉、味觉、触觉这五种感官所能触碰到的部分,如眼睛可以触碰到光线的刺激,耳朵可以触碰到20~2万周波声。另外,当这些感

① 严明.跨文化交际理论研究[M].哈尔滨:黑龙江大学出版社,2009.

官不能处理多个信息的时候,在抓住一方时必然会对另一方进行舍弃。不过,还存在一些不是凭借五感来处理的部分,而是通过思维和感觉来处理的部分。例如,平行的感觉、时间经过的感觉就属于五感之外的感觉。人们在头脑中进行抽象化的思维,有时候与五感的联系不大。

C 代表的是五感可以碰触的范围中个人想说、需要注意的部分。D 代表的是个人注意的部分中用语言能够传达出来的部分,这里也具有一定的抽象性。例如,人的知觉是非常强大的,据说可以将 700 万种颜色识别出来。但是,与颜色相关的词汇并不多。就这一点来说,语言这一交际手段是相对贫弱的。同时,语言具有两级性,简单来说就是中间词较少。尤其是语言中有很多的反义词,如善—恶,是很难找到中间词的。

E 代表的是对方获取的信息,到了下面的第Ⅴ阶段,是 D 和 E 的重叠,在重叠的部分,1 是指代能够传递过去的部分,2 与 3 是某些问题的部分,其中 2 是指代不能传递过去的部分,3 是指代发话人虽然并未说出,但是听话人自己增加了意义。在跨文化交际过程中,由于不同人的世界观、价值观不同,因此完全有可能形成Ⅵ的状况。

总之,从图 3-3 中我们不难看出,从 A 到 E 下降的同时,形状的大小也在缩小,这就预示着信息量也在逐渐变小。这里面就融入了抽象的意义。在阶段Ⅰ中,人的身体如同一个过滤器;在阶段Ⅱ中,人的思维、精神等如同一个过滤器;到了阶段Ⅲ,语言就充当了过滤器。这样我们不难发现,言语交际不仅有它的长处,也有它的短处。为了更好地展开交际,就需要对言语交际的这一长处与短处有清楚的认识。

2. 言语交际的内容

在影响跨文化交际的多个因素中,语言作为文化的重要表现,是跨文化交际的一大障碍。从萨丕尔—沃尔夫(Sapir-Whorf)假设中我们不难发现,语言是人们对社会现实进行理解的向导,对人们的感知和思维有着重要的影响。无论是何种语言,都有其独特的语音、词汇、语法、语言风格等。学习一门外语,了解其语言习惯与交际行为有着十分重要的意义。

(1)言语调节。语言并不是一个简单的交流工具,语言不仅是文化的载体,它还是个人和群体特征的表现与象征。一般来说,能否说该群体的语言是判断这个人是否属于该群体的标志。同样,某些人都说同一语言或者同一方言,那么就可以很自然地认为他们都源自同样一种文化,他们在交流时也会使用该群体文化下的行为规范、价值观念、交际风格,因此也会让彼此感到非常轻松。正因为所说的语言体现出发话人的身份,而且人们习惯于与说自己语言的人进行交流,因此学外语的热潮无论在国内还是国外都很高,人们都想得到更多群体的认同。不仅如此,语言还标志着一个民族的文化独立与主权,其对于一个国家和民族而言是非常重要的。统一的语言是民族间、群体间的黏合剂,其有助于促进民族的团结。更为有趣的一点是,人们对其他民族语言如此的崇尚,往往会产生爱屋及乌的想法,对说这种语言的外国人会不自觉地流露出亲近与欣喜之情。

语言具有的这种个人身份与凝聚力预示着言语调节的必然性。所谓言语调节,又可以称为"交际调节",即人们出于某种动机,对自己的语言与非语言行为进行调整,以求与交际对象建构所期望的社会距离。一般而言,发话人为了适应交际对象的接受能力,往往会迎合交际对象的需要与特点,对自己的停顿、语速、语音等进行稍微调整。

常见的言语调节有妈妈言语、教师言语等,即妈妈、教师等为了适应孩子或者学生的认知与知识水平而形成的一种简化语言。这属于一种趋同调节的现象,有助于更好地进行交流,达到更好的交流效果。当然,与趋同调节相对,还存在趋异调节,其主要目的是维持自己文化的鲜明特征与自尊,对自己的言语与非语言行为不做任何的调整,甚至夸大与交际对象的行为,这种现象的产生正是由于语言作为文化独立象征以及个人身份而造成的。或者说,趋异调节的产生可能是因为发话人不喜欢交际对象,或者为了让对方感受未经雕饰或者原汁原味的语言。

总之,无论是趋同调节还是趋异调节,都彰显了发话人希望得到交际对象的认同,通过趋同调节,我们希望更好地接近对方;通过趋异调节,我们希望能够保持一定的距离。因此,理想的做法应该做到二者的结合,不仅要体现出自己向往与对方进行交际的愿望,还要保持一种健康的群体认同感。

需要指出的是,在影响言语调节的多个因素中,民族语言活力有着非常重要的影响作用。所谓民族语言活力,即某一语言的社会经济地位,以及说这种语言的人数与分布情况等。如果一种语言的活力大,那么对社会的影响力也较大,具有较广的普及率,政府与教育机构也会大力支持,人们也会更加青睐。这是因为,人们会将说这种语言的人与语言本身的活力相关联,认为这些人具有较高的声望,所以愿意被这样的群体接受与认同。

在跨文化交际中,言语调节理论证明了跨文化交际与其他交际一样,不仅是为了交流信息与意义,更是个人身份协商与社会交往的过程。来自不同文化的交际双方在使用中介语进行交流时,还需要注意彼此的文化身份与语言水平,进行恰当的调节。

(2)交际风格。在言语交际中,交际风格是非常重要的层面。著名学者威廉·古迪孔斯特和斯特拉·廷图米(William Gudykunst & Stella Ting-Toomey)论述了四种不同的交际风格,即直接与间接的交际风格、详尽与简洁的交际风格、以个人为中心与以语境为中心的交际风格、情感型与工具型的交际风格。

第一,在表达意图、意思、欲望等的时候,有人会开门见山,有人却拐弯抹角;有人直截了当,有人却委婉含蓄。美国文化更注重精确,美国英语的运用在很大程度上与这一点相符。从词汇程度上来说,美国人常常使用certainly,absolutely等这样意义明确的词汇。从语法、句法上来说,英语句子一般要求主谓宾齐全,结构要求完整,并且使用很多现实语法规则与虚拟语法规则。从篇章结构上来说,美国英语往往包含三部分:导言、主体与结论,每一段具有明确的中心思想,第一句往往是全段的主题句,使用连词进行连接,保证语义的连贯。与之相对的是中国、日本的语言,常用"可能""或许""大概"这些词,篇章结构较为松散,但是汉语往往形散神不散,给人以回味无穷的韵味。

英汉语言的差异,加上受个人主义与集体主义的影响,导致了英美人与中国人交际风格的差异。中国文化强调和谐性与一致性,因此在传达情感与态度以及对他人进行评论与批评时,往往比较委婉,喜欢通过暗示的手法来传达,这样可以避免难堪。如果交际双方都是中国人,双方就会理解,但是如果交际对象为英美人,就会让对方误解。因此,从英美人的价值观标准上来说,坦率表达思想是诚实的表现,他们习惯明确地告知对方自己的想法,因此直接与间接的交际风格会出现碰撞。

第二,不同的交际风格有量的区别,即在交流时应该是言简意赅,还是详细具体,或者是介于二者间的交际风格。威廉·古迪孔斯特和斯特拉·廷图米在对其他学者的研究结果进行研究的基础上指出,中东的很多国家都属于详尽的交际风格,北欧和美国基本上属于不多不少的交际风格,中国、日本等亚洲国家属于简洁的交际风格。这是因为,阿拉伯语言本身具有夸张的特点,这使得阿拉伯人在交际中往往会使用夸张的语言来表达思想和决心。例如,客人在表达吃饱的时候,往往会多次重复"不能再吃了",并夹杂着"向上帝发誓"的话语,而主人对 no 的理解也不是停留在表面,而认为是同意。中国、日本作为简洁交际风格的代表,主要体现在对沉默、委婉的理解上。中国人认为"沉默是金",并认为说话的多少同地位有着密切的关系。一般来说,中国的父母、教师属于说教者,子女、学生属于听话者。美国文化反对交际中的等级制,主张平等,因此子女与父母、学生与教师都享有平等的表达思想的机会。

第三,威廉·古迪孔斯特和斯特拉·廷图米提出了以个人为中心与以语境为中心的交际风格。以个人为中心的交际风格是采用一些语言手段,对个体身份加以强化;以语境为中心的交际风格是运用语言手段,对角色身份进行强化。这两种交际风格的差别在于,以语境为中心的交际风格是运用语言反映社会等级顺序,将这种不对等的角色地位加以彰显;以个人为中心的交际风格是运用语言反映平等的社会秩序,对对等的角色关系加以彰显。同样,在日语中,存在着很多的敬语和礼节,针对不同的交际对象、交际场合、角色关系等,会使用不同的词汇、句型,并且人际交往也非常正式。如果是在一个非正式的场合,日本人往往会觉得不自在,在他们看来,语言运用必然与交际双方的角色有着密切的关系。与中国、日本的文化存在鲜明对照的是英语,英美文化推崇直率、平等与非正式,因此他们在使用语言进行交际时往往使用那些非正式的称呼或者敬语,这种交际风格表达体现的是美国文化对民主自由的推崇。

第四,中西方交际风格的差异还体现在情感型与工具型的区别上。情感型的交际风格是以信息接收者作为导向,要求接收者具备一定的本能,对信息发出者的意图要善于猜测与领会,要能够明白发话人的弦外之音。另外,发话人在信息发送的过程中,要观察交际对方的反应,及时地改变自己的发话方式与内容。因此,这样的言语交际基本上是发话人与听话人之间信息与交际关系的协商过程。相比之下,工具型的交际风格是以信息发出者作为导向,根据明确的言语交际来实现交际的目标,发话人明确地阐释自己的意图,听话人就很容易理解发话人的言外之意,因此与情感型的交际风格相比,听话人的负担要轻很多。可见,工具型的交际风格是一种较为实用的交际风格。

显然,上述几种交际风格是相互关联与渗透的,它们是基于不同的文化价值观建立起来的,其中影响力最大的是集体主义与个人主义的差异,其在社会的各个领域都得以贯穿,并在很大程度上决定中西方文化的不同。

(二)非言语交际能力

言语交际是通过语言来展开交际的,而非言语交际是通过非言语交际行为展开交际的。非言语交际是言语交际的一种辅助手法,是经常被人们忽视的手法。但是,非言语交际在英汉交际中起着十分重要的作用,甚至有助于实现言语交际无法实现的效果。非言语交际包含多个层面,如体态语、副语言、客体语言等。

对于非言语交际,一般来说主要包含如下几类。

1. 体态语

体态语又可以称为"身体语言",其由美国著名的心理学家伯得惠斯特尔(Birdwhistell)提出。在伯得惠斯特尔看来,人身体各部分的器官运动、自身的动作都可以将感情态度传达出去,这些身体机能所传达的意义往往是语言不能传达的。体态语包含身势、姿势等基本姿态,微笑、握手等基本礼节动作,眼神、面部动作等人体部分动作等。

所谓体态语,即传递交际信息的动作与表情。也可以理解为,除了正式的身体语言之外,人体任何一个部位都能传达情感的一种表现。由于人体可以做出很多复杂的动作与姿势,因此体态语的分类是非常复杂的。体态语包括眼睛动作、面部笑容、手势、腿部姿势等。

(1)眼睛动作。眼睛是人类重要的器官,其是表情达意的重要部位,如愤怒时往往"横眉立目",恋爱时往往"含情脉脉"等。在不同的情况下,眼睛也反映出一个人不同的心态。当一个人眼神闪烁时,他往往是犹豫不决的;当一个人白别人一眼时,他往往是非常反感的;当一个人瞪着他人时,他往往是非常愤怒的等。

之所以眼睛会有这么多的功能,主要是因为瞳孔的存在。一些学者认为,瞳孔放大与收缩,不仅与光感有关,还与个体的心理活动有着密切的关系。当人们看到喜欢的东西或者感兴趣的事物时,他们的瞳孔一般会放大;当人们看到讨厌的东西或者不感兴趣的事物时,他们的瞳孔一般会缩小。瞳孔的改变会无意识地将人的心理变化反映出来,因此眼睛是人类思维的投影仪。

既然眼睛有这么大的功能,学会读懂眼语是非常重要的,同时要注意不要读错。例如,到他人家做客,最好不要左顾右盼,这样会让人觉得心不在焉,甚至心术不正。需要指出的是,受民族与文化的影响,人们用眼睛来表达意思的习惯并不完全一样。

(2)面部笑容。笑在人的一生中非常重要。当人不小心撞到他人时,笑一笑会表达一种歉意;当向他人表达祝贺时,笑一笑更显得真挚;当与他人第一次见面时,笑一笑会缩短彼此的距离。可见,笑是人类表情达意不可或缺的语言之一。笑可以划分为多种,有大笑、狂笑、微笑、冷笑,也有轻蔑的笑、自嘲的笑、高兴的笑、阴险的笑等。当然,笑也分真假,真笑的表现一般有两点:一种是嘴唇迅速咧开,一种是在笑的间隔中会闭一下眼睛。当然,如果笑的时间过长,嘴巴开得缓慢,或者眼睛闭得时间较长,会让人觉得这样的笑容缺乏诚意,显得非常虚假和做作。当然,笑也有一些"信号"。

其一,突然中止的笑。如果笑容突然中止,往往有着警告和拒绝的意思。这种笑会让人觉得不安,会希望对方尽快结束话题。但是,如果一个人刚开始有笑意,之后突然板着脸,这说明他比较有心机,是那种难缠的人。

其二,爽朗的笑。这是一种真诚的笑,是给人一种好心情的笑,一般会露出牙齿、发出声音,这种笑会让对方觉得你是一个很好相处的人,很容易信任与亲近你。

其三,见面开口笑。这种笑是人们日常常见的,指脸上挂着微笑,具有微笑的色彩,这种微笑具有礼节性,可以使人感到和蔼可亲。无论是见到长辈、小辈,还是上级、下属,这种笑都是最为恰当的笑。但需要指出的一点是,在笑的过程中要更为谨慎,其不是一见面就哈哈大笑,这会让人感觉莫名其妙,它是一种谨慎的、收敛的笑。

其四,掩嘴而笑。这种笑是指用手帕、手等遮住嘴的笑。这种笑常见于女性,显得较为优雅,能够将女性的魅力彰显出来。

由于文化背景的差异,不同国家的人对笑的礼仪也存在差异。在大多数国家,笑代表一种友好,但是在沙特阿拉伯的某一少数民族,笑是一种不友好的表现,甚至是侮辱的表现,往往会受到惩罚。

(3)手势。手是人体的重要部分,在表达情意的层面作用非凡。大约在人类创造了有声语言后,手势也就诞生了。手是人们传递情感的行之有效的工具之一。一般情况下，手势可以传达的意思有很多，高兴的时候可以手舞足蹈，紧张的时候可能手忙脚乱等。

当一个人挥动手臂时，往往表达的是告别之意，当一个人挥动拳头时，往往表达的是威胁之意。而握手这样一个日常生活中普遍的动作，也能够将一个人的个性表达出来。

第一种类型是大力士型，其在与他人握手时是非常用力的，这类人往往愿意用体力来标榜自己，性格比较鲁莽。

第二种类型是保守型，这类人在与他人握手时往往手臂伸得不长，这类人性格较为保守，遇到事情时往往容易犹豫。

第三种类型是懒散型，这类人与他人握手时，一般指头软弱无力，这类人的性格比较悲观懒散。

第四种类型是敷衍型，这类人与他人握手是为了例行公事，仅仅将手指头伸给对方，给人一种不可信赖的感觉，这类人做事往往比较草率。

还有一种是标准的握手方式，即与他人握手时应该把握好力度，自然坦诚，不流露出任何矫揉造作之嫌。

（4）腿部姿势。在舞会、晚会等场合，人们往往会有抖腿、翘腿等腿部动作，这些动作虽然没有意义，但是它们在传达某种信息。因此，腿在人们的表情达意过程中有着非常重要的作用。

对腿部动作的了解是人们了解他人内心的一种有效途径。例如，当你坐着等待他人到来时，腿部往往会不自觉地抖动，以表达紧张和焦虑之情。当心中想拒绝别人或者心中存在不安情绪时，往往会交叉双腿。

2. 副语言

一般来说，副语言又可以称为"伴随语言""类语言"，其最初是由语言学家特拉格（Trager）提出的。他在对文化与交际进行研究的过程中，搜集整理了一大批心理学与语言学的素材，并进行了归纳与综合，提出了一些适用于不同情境的语音修饰成分。在特拉格看来，这些修饰成分可以自成系统，伴随着正常交际的语言而存在，因此被称为副语言。具体来说，其包含如下几点要素。

（1）音型（voice set），指的是发话人的语音物理特征与生理特征，这些特征使人们可以识别发话人的年龄、语气等。

（2）音质（voice quality），指的是发话人声音的背景特点，包含音域、音速、节奏等。例如,如果一个人说话吞吞吐吐,没有任何的音调改变,他说他喜欢某件东西其实意味着他并不喜欢。

(3)发声(vocalization),其包含哭声、笑声、伴随音、叹息声等。

上述三类是副语言的最初内涵,之后又产生了停顿、沉默与话轮转换等内容。

3. 客体语

所谓客体语,是指与人体相关的服装、相貌、气味等,这些东西在人际交往中也有着非常重要的作用。从交际角度而言,这些层面都可以传达非言语信息,都可以将一个人的特征或者文化特征彰显出来,因此非言语交际是一种非常重要的媒介手段。

(1)相貌。无论是西方文化还是中国文化,人们对于自己的相貌都非常看重。但是在各国文化中,相貌评判的标准也存在差异,有共性,也有个性。例如,汤加认为肥胖的人更美,缅甸人认为妇女脖子长更美,美国人认为苗条的女子更美,日本人认为娇小的人更美等。①

(2)饰品。人们身上佩戴的饰品本身并没有什么意义,但是出现在不同的场合,就成为一种媒介和象征。例如,戒指戴在食指上代表求婚,戴在中指上代表恋爱中,戴在无名指上代表已婚。这些作为一种约定俗成的代码,人们不可以弄错。一般来说,佩戴耳环是妇女在生活中的一种习惯。当然,少数的青年人也会佩戴耳环,以彰显时尚。

二、译者在翻译实践中应深入理解文化背景

翻译与文化有着密切的关系。就表层而言,翻译是语言与语言的转换,实际上其也是文化与文化之间的转换。我国学者王佐良教授在论述文化与翻译的关系时这样说道:译者虽然是对个别词的处理,但是其所需要考虑的是两种文化。例如:

brown sugar 字面意思为"棕糖",汉译过来是"红糖"

Russia dressing 字面意思为"俄国酱",实际为"蛋黄酱"

India ink 字面意思是"印度墨水",实际是指"墨汁"

---

① 李莉莉. 跨文化交际中的非语言行为[D]. 黑龙江:黑龙江大学,2004.

"亚洲四小龙"按字面意思翻译应为 four Asia dragon,译为英文则是 four Asia tiger

"月季"译成 American beauty,字面意思为"美国丽人"

"毛笔"译为 writing brush,字面意思是"书写刷子"

再如,商名的翻译,如果充分利用文化差异的优势,将商品的译入名与译语的文化相结合,通常能起到渲染商品正面形象、增添商品名称文化联想的效果,如 Revlon 化妆品的中文译名为"露华浓",这就使人联想到李白所作《清平调词三首》中的一句诗词:"云想衣裳花想容,春风拂槛露华浓。"这句诗词的大意是:云朵都想与杨贵妃的衣裳媲美,花儿也想与杨贵妃的容貌比妍,春风吹拂着栏杆,花上的露珠是那么浓盛。消费者看到"露华浓"这个牌子的化妆品,很自然地将其和杨贵妃的美貌联想在一起,侧面起到了宣传化妆品的功效,称得上是商名翻译中的佳译。

第四章　文化因素对中国文化传播的深刻影响

在中西语言翻译实践的过程中,很多文本中都会涉及文化因素,这些因素往往会给翻译带来困难。为了有效避免文化因素对翻译实践的影响,译者需要充分了解两种语言背后的文化,具备跨文化意识,把握文化差异对中西语言翻译实践的影响,遵循一定的文化翻译原则,采用合适的文化翻译策略,如此才能准确传达原文内涵,译出地道的文章。

第一节　文化差异对中西语言翻译实践的影响

一、地理环境差异对中西语言翻译实践的影响

从地图上我们可以看到:中国西部高山,东临大海。东风吹来,沁人心脾;来自西伯利亚的西北风则凛凛然,刺人肌骨。所以,在汉语中,东风带给人温暖舒心、草木丛生、花开遍野的感觉;而"西风"正好相反,有一种寒冷萧瑟、人迹罕见的味道。

英国是个岛国,东风来自欧洲大陆北部,故而寒冷,而西风则由大西洋徐徐吹来,温暖宜人。所以,在英文中我们会读到 Samuel Butler 的 biting east winds(刺骨东风),Charles Dickens 的 "How many winter days have I seen him, standing blue nosed in the snow and east wind!"(在许多冬日我都看到他,鼻子冻得发紫,站在飞雪和东风之中!)面对西风的描述,John Miton 这样写道:"It's a warm wind, the west wind, full of birds' cries. "(那是一种温暖的风,西风吹时,百鸟争鸣。)①

由于地理环境的差异,导致中英两国的经济结构截然不同。英国四周环水,水产和航海业占主要地位,因此英语中与水产、航船相关的词语非常多;而中国沿海地区只占少数部分,所以类似的词汇十分有限。相对而言,中国长期以来一直从事农业、体力劳动,要表达"用体力搬运东西"的动词很多,如扛、背、抑……,而英文中相关词汇却屈指可数。

二、观念文化差异对中西语言翻译实践的影响

(一)价值观差异的影响

中国人自古就强调集体主义,个人利益应服从于集体,强调以"共性"为中心的道德价值观,坚持"团结就是力量"的口号,这种观念在西方人看来是难以理解的。西方人注重个体,强调以"个性"为中心的功利价值观,因而有各自价值体系的表达方式。例如,欧美影片中经常可以看到主人公以个人的力量拯救世界的情节,塑造了一个又一个英雄人物形象。再如,汉语中男权社会背景下形成的词语"讨老婆""嫁人"等汉语表达。

(二)哲学思想差异的影响

英汉各自语言中有许多反映其独特文化内涵的表达,如"不看僧面看佛面""平时不烧香,临时抱佛脚"等汉语表达;Curious as Lot's wife, doubting Thomas,as wise as Solomon 等英语表达。

在中国,尤其是在许多农村地区依然保存着盖房子、选坟墓等必先找人看风水的习俗。其中的"风水"我们绝对不能将其直译为 wind and water,因为其深刻的内涵绝不等同于 wind and water。因此,有人建议将其音译为 FengShui,但当国外人看见拼音 FengShui 时,其中深刻的内涵不知他们懂得几分?

---

① 张杰.基于翻译理论的中国文化对外翻译[M].长春:东北师范大学出版社,2020.

三、社会习俗差异对中西语言翻译实践的影响

以婚姻习俗为例,中国人找对象首先讲究"门当户对"和"郎才女貌",结婚要选择"良辰吉日",以红色为喜色,"拜天地""入洞房",物什讲究吉利和寓意,如"花生""枣子""牡丹"等。

西方人找对象首先讲究 marriage of true minds(真诚的结合),结婚以白色为喜色(a white wedding),婚礼要在教堂举行,然后去"度蜜月(honey moon)"。

第二节 文化因素影响下中西语言 翻译实践的原则

一、锤炼语言原则

文化翻译需要遵循锤炼语言原则,这是翻译的基础原则,但是需要译者在锤炼语言的基础上考虑文化要素。具体来说,锤炼语言原则要求译者注意译文的通顺性,并在此基础上增加译文的文采。

(一)译文通顺

锤炼语言原则要求译者要确保译文通俗易懂,能为译文读者完全理解。无论是英译汉还是汉译英,译者都要确保译文的语言通顺、地道,避免出现"中式英语""西式汉语"等现象,如果译文内容枯燥乏味,读起来拗口别扭,会给读者带来很大的阅读障碍,必然会减少读者的阅读兴趣,这样的译文也是没有意义的。译文通顺需要译者注意以下几个方面的内容。

(1)注意时态。在翻译中,时态的翻译是一个难点,译者应该结合语境,注意时态的表达。

(2)注意谓语最小化。在翻译过程中,译者需要考察动词,从而使谓

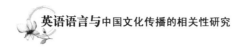

语最小化。

（3）注意动宾连接。翻译中遇到动宾短语，译者可以先考虑宾语的成分。宾语的构成类型很多，如名词、名词词组、句子等。宾语不同，谓语的使用也不尽相同。

（4）确定主语。由于英汉两种语言的差异，在翻译过程中主语也直接影响着译文的质量。具体来说，英语为主语显著型语言，句子中的主语决定着句法结构。而汉语为话题显著型语言，主语的重要性较低。

（5）减少 of。在汉译英过程中，很多译者一看到"……的"就下意识地翻译为 of。英语中的 of 表示的是一种所属关系，而"……的"既包括所属关系，也有包含关系等。译者需要看清句子意义上的主语进行灵活翻译。

（6）注意连接原则。英语为一种形合语言，汉语为意合语言。在翻译过程中，译者需要注意表达逻辑，增加译文中的连词，灵活进行合句与缩句。例如：

An old, mad, blind, despised, and dying king…

译文 1：一位衰老的、疯狂的、瞎眼的、被人蔑视的、垂死的君王……

译文 2：又狂又盲、众所鄙视的垂死老王…

原文中使用了 old, mad, blind, despised, dying 修饰 king，这是英语的表达习惯，译文 1 按照原文的形式，也采用了一系列的形容词修饰名词 king，在表达内容方面也完全地遵循并传达了原文的信息，然而对于中国的读者来说，这样的译文没有可读性。因为译文完全不符合汉语的表达习惯。而译文 2 则进行了适当的调整，提升了译文的可读性。

（二）增添文采

译文除了通顺之外，文化翻译过程中还应根据英汉语言的文化适当添加一些文字进行润饰，从而增添译文的文采。例如：

Circumstances and people are constantly changing. Some friendship last "forever", others do not.

译文 1：环境和人都在不断改变。有些友谊永恒，有些则不。

译文 2：环境和人都在不断地改变。有些友谊地久天长，有些则如昙花一现。

相较于译文 1，译文 2 增加了文采性表达，不仅能够使读者了解原文内涵，还增加了读者对原文风格的理解。

二、结构匹配原则

因为文化背景、思维方式、语言习惯等方面的不同,英语文本的信息结构特点和汉语有很大的不同。为了使译文更加符合英语读者的阅读期待和需求,翻译中一定要注意调整结构,遵循英语的信息结构方式。与汉语重宏观意象塑造、轻具体信息描写,重华丽美感渲染、轻实用信息的信息结构不同,英语的实用文本多朴实直白、简单实用,少铺垫婉叙,多坦率直陈。如果在翻译中,能够把汉语原来的信息结构重新编排,去除那些浮华的铺垫描述,增添一些关键的实用信息,那么翻译出来的文本一定会是海外读者所喜闻乐见的。

三、文化再现原则

从翻译的性质与任务的角度而言,翻译的过程也是文化再现的过程,因此需要遵循文化再现原则。

首先,文化再现应该能够再现源语文化的特色。例如:

人怕出名猪怕壮。

译文 1:Bad for a man to be famed,bad for a pig to grow fat.

译文 2:Fattest pigs make the choicest bacon,famous men are for the taking.

上述原文为汉语中的俗语,是中国传统语言形式之一,具有十分丰富的文化内涵。在翻译过程中很难在英语中找到匹配的表达形式。上述俗语的内涵指的是人一旦出名就会面临更大的挑战和困难,因此出名之后的生活反倒会十分困难,这就像猪长胖之后逃脱不了被宰杀的命运一样。译文 1 从原文的文化内涵出发,将其含义表达得淋漓尽致。译文 2 采用了创译的形式,但是译文和原文在表达和情感色彩方面都存在差异。

其次,文化再现还应该能够再现源语言的文化信息。这是由语言与文化相互依存的关系决定的,文化翻译既然是一种语言的转换,那么必定是不同文化信息的转换。因此,在翻译的时候需要理解原文所包含的文化信息,进而将其再现出来。

译者在文化翻译过程中应该时刻注意遵循文化再现原则,从而促进不同文化信息的交流。

四、处理得当原则

汉语文本中常包含大量的文化语义词(culture-loaded words)和历史典故、名人轶事、名人名言、唐诗宋词、俗语成语等文化含义项(cultural item)。这些汉语所独有的文化信息如果不加以解释,势必对英语读者的理解造成影响,妨碍他们的活动。但是,在多大程度上对其进行解释,是以贴近海外游客自身文化的方式还是以贴近中国文化的方式去解释,这些都是翻译实践中必然要面对的问题。在功能主义翻译理论的框架下,文化因素的处理方式要根据译文的预期功能、译文所使用的语境、译文读者对文化因素的期待、译文读者对文化因素的熟悉程度等来决定。

五、风格再现原则

文化翻译的过程中还需要遵循风格再现原则。通常而言,风格包含以下几个方面的内容。①

(1)文体的风格,如诗歌、小说、法律、新闻、科技等不同的文体有着不同的风格,要求译者在进行文化翻译时做到文体风格再现。在风格的各个方面中,文体风格是最主要的。例如,在翻译法律条文时,不能将其严肃、庄重的语言翻译成口语色彩浓重的口语文体的白话。

(2)人物的语言风格,也就是见到什么人说什么话,这在文学作品中尤为显现。

(3)作家个人的写作风格,译文应尽量体现或简洁或华丽,或庄重或俏皮等原作者的风格。下面以王佐良所译培根的散文《论学习》(*Of Studies*)为例。

Studies serve for delight, for ornament, and for ability. The chief use for delight, is in privateness and retiring; for ornament, is in discourse; and for ability, is in the judgment and disposition of busi-

---

① 兰萍.英汉文化互译教程[M].北京:中国人民大学出版社,2010.

ness. For expert men can execute, and perhaps judge of particulars, one by one; but the general counsels, and the plots and marshalling of affairs, come best from those that are learned.

(Francis Bacon: *Of Studies*)

读书足以怡情,足以博彩,足以长才。其怡情也,最见于独处幽居之时;其博彩也,最见于高谈阔论之中;其长才也,最见于处世判事之际。练达之士虽能分别处理细事或一一判别枝节,然纵观统筹、全局策划,则舍好学深思者莫属。

(王佐良 译)

上述英语原文思维严谨、文笔洗练。王佐良先生在翻译过程中,从文字和风格都再现了原文特点,从而更好地传递出了原文信息。

第三节 文化因素影响下中西语言翻译实践的策略

一、什么是翻译策略

翻译策略是一个与翻译实务密切相关的概念,是每个翻译工作者与翻译研究者都需要弄明白的问题。具体而言,翻译策略主要涉及三个基本任务:一是明确翻译目的,解决为什么而译、为谁而译的问题;二是确定所译文本,解决翻译什么、为什么要翻译这个文本的问题;三是制订操作方式,解决怎么译、为什么要这么译的问题。策略具有明显的解决具体问题的对象性、针对性和预测性,着重理论分析和归纳性理据分析,同时又鲜明地指向实践。①

翻译策略是译者为达到或完成其整体目标而选择的一整套最佳翻译方式。翻译不仅是一种语际交际,更是一种跨文化交流。由于英汉两种文化中的人们在地理位置、文化背景、价值观念、生活方式等方面存在

---

① 徐晓飞,房国铮.翻译与文化[M].上海:上海交通大学出版社,2018.

着很大的区别,而且英汉两种语言也属于不同的语系。因此,在翻译策略选择上文化因素往往是译者必须考虑的首要因素。

二、文化因素影响下中西语言翻译的具体策略

翻译方法也就是要解决源语文本转换成译入语文本问题的门路和程序。翻译方法与翻译实务密切相关,与翻译策略紧密相连,二者常常被混为一谈,互相通用。翻译策略是翻译方法的指导原则,后者是前者在操作方法、技巧上的具体体现。与翻译策略一样,历史上人们常常按传统二元逻辑来加以区分,其中直译与意译这两种方法是在我国乃至世界翻译史上讨论得最多、争论得最为激烈的一个问题。之所以出现这些争论,其中既有技术层面上的优劣之辨,甚至还有形而上地对翻译使命的不同思考。

翻译实践表明,用现代翻译学的眼光看,也不应机械地坚持所谓"死译""直译""意译"的三元对应。翻译的策略和方法不是一成不变的,应量体裁衣,灵活处理。总之,在选择翻译策略与方法的问题上,需要考虑作者的意图、翻译的目的、译文的功能和读者对象等因素。更重要的是,在翻译过程中译者要有深刻的跨文化意识。

(一)异化策略

所谓异化,就是译者为传达原作的原汁原味,在翻译中尽量保留原作的表达方式以便让译入语的读者感受到"异国情调",就是所谓洋气。这是一种"作者向的"(author-oriented)或"源语文化向的"(source language oriented)翻译,即译者将译入语的读者引入作者及其文本。异化主要体现在词语的空缺和句法表达的"方便"这两个方面。中国由于其经济实力的日益增强和文化形象的不断提升,所以汉语中的不少词语便直接进入英语和被借入英语,成为世界英语中的又一新的变体——中国英语。中国英语的形成其实经历了一个汉译英逐步异化积累的演变过程。

起先是"洋泾浜英语"(pidgin English),它多用于洋场,进行商贸交易,是一种中英夹杂的英语。后来,中国人开始学习和使用英语,由于母语的迁移作用,在英语的表达上照搬一些汉语的词语样式和汉语的句子结构,这便有了"中式英语"(Chinese English)。这两种英语都不被标准

英语接受。现在,翻译的"文化转向",对译者和读者的翻译观进行了一次洗礼,翻译要在平等互利的原则下进行文化传播和沟通,所以"中国英语"便应运而生。中国英语是洋泾浜英语和中式英语的渐进、积累、演变的结果。它已为标准英语所接受,成为世界英语中的一员。可以预料,中国英语会随着中国这个语言使用大国地位的不断增强,由今天的一种行为英语发展成为一种机制英语。①

汉译英的异化主要体现在文化词语的翻译上。《牛津英语词典》中以汉语为来源的英语词汇有一千余条。例如:

长衫 cheongsamn,旗袍 qipao,孔夫子 Confucius,风水 fengshui,易经 IChing,磕头 kowtow,功夫 kungfu,老子 Laotzi,麻将 mahjong,太极拳 tai-chi,道/道教 Tao,豆腐 tofu,阴阳 Yin & Yang,饺子 jiaozi,工夫茶 congou,衙门 yamen,喇嘛 lama,炒锅 wok,高粱 kaoliang,茅台酒 maotai,麒麟 kylin,算盘 suanpan,馄饨 wonton,炒面 chow mein,炒饭 chao-fan,杂碎/杂烩 chop suey,小康 xiaokang,两会(全国人民代表大会和政治协商会议)the lianghui,普通话 putonghua,亩 Mu,斤 jin,两 liang,元 yuan,角 jiao,分 fen 等。此类带有鲜明的中国文化特色的词汇一般都采取音译的方法,占汉语进入英语所有词汇比例最大。②

当然,也有采取意译的方法来译的。比如:

四书 Four Books,五经 Five Classics,龙舟 dragon boat,走狗 running dog,洗脑 brainwashing,百花齐放 hundred flowers,纸老虎 paper tiger,改革开放 opening up and reformation 等。

还有些采取音译和意译相结合的方法。比如:

北京烤鸭 Peking duck,"嫦娥"一号 Chang'e No.1,中国航天员 taikonaut。

taikonaut 这个绝妙的 China English 词语,它的诞生在一定程度上象征着中华民族的伟大复兴。数百年来汉语只有生活、宗教、饮食等词汇进入英语,现在 taikonaut 以汉语的构词方式译成英语,且作为一个科技词语堂堂正正地进入英语词汇,表明中国科技发展的日新月异,中华民族已真正崛起于世界民族之林。学者们认为,"中文借用词"在英语里的骤增从一个侧面反映了中国文化与世界的沟通渠道正日趋宽阔,而文化所代表的软实力正日趋增强。

---

① 王述文.综合汉英翻译教程[M].北京:国防工业出版社,2010.
② 同上.

除文化词语的异化翻译外,还有些句法表达在汉译英中也套用了汉语的表达方式,显得更为简洁便利。比如:

好久不见。Long time no see.(昔日的 Chinglish 已成为今日的 China's English。)

不能行,不能做。No can do.

加油! Jiayou!

丢面子/保面子 lose face/save one's face

有些汉语成语或谚语运用了生动比喻修辞手段,在译成英语时也保留了汉语中的比喻形象,使译文更加原汁原味。例如:

你这是在班门弄斧。

You're showing off your proficiency with an axe before Lu Ban the master car punter.

"班门弄斧"这一成语采取直译将其译成 showing off your proficiency with an axe before Lu Ban the master carpenter,既简明生动又忠实贴切,兼顾了意义的传达和文化交流。

俗话说"一寸光阴一寸金",我们一定要抓紧时间,刻苦学习。

An old saying goes "An inch of time is an inch of gold. " We should grasp every second in our study.

"一寸光阴一寸金"译成"An inch of time is an inch of gold. "体现了中国人的时间观。

总之,译文要充分传达原作的"原貌",异化翻译应为翻译之首选。但采取异化的译法,如果完全不考虑译入语的特点,甚至违反译入语的表达方式,译文就会青面獠牙,吓跑读者。例如:

他老婆水性杨花,让他戴了顶绿帽子。

His wife has a nature of water and flying flower, and let him wear a green cap.

从译文的表层结构来看,与原义的词句是对应的,采用异化方式保留了原文的比喻形象,但从深层意义来看,译文显得怪异。a nature of water and flying flower 究竟是什么样的性格? 怎么 let him wear a green cap? 完全没有逻辑性。由于译文采用原文的形象,英语读者不仅不能产生与中国读者同样的意义感受,反而会感到莫名其妙,不知所云。这种语用差异最好采用归化翻译来处理。可以译为:

His wife is a woman of loose morals, and he becomes a cuckold.

(二)归化策略

所谓归化,就是译者从译入语读者的立场出发将源语中的异国情调译成读者喜闻乐见的本国风味,或是在表达方式上,或是在文化色彩上。这是一种"读者向的"(reader oriented)或"目标语文化向的"(target language oriented)翻译。其特点就是译文生动流畅,语言地道自然,意义清楚明白,读者好读好懂。

这种策略常用于中国传统翻译,特别是文学翻译。林纾一生翻译了大量的外国文学作品,基本上都采用归化翻译。英国翻译家、汉学家大卫·霍克斯(David Hawkes)在翻译中国文学名著《红楼梦》时,也采用归化翻译。例如,书名《红楼梦》他译成 The Story of the Stone,其中有关文化冲突或文化空缺的语词都采取了归化翻译。例如:

贾宝玉品茶栊翠庵,刘姥姥醉卧怡红院。

Jia Baoyu tastes some superior tea at Green Bower Hermitage;

And Grannie Liu samples the sleeping accommodation at Green Delight.

这是翻译的《红楼梦》中的一章回的标题。显然,霍克斯采用了归化策略,将"栊翠庵"译成 Green Bower Hermitage,将"怡红院"译成 Green Delight。众所周知,"庵"是佛寺,是尼姑修道的住处,而霍克斯把它译成了 Hermitage。Hermitage 是早期基督教徒(天主教、东正教等)修道的机构或地方,将佛教的概念归化成基督教的概念(虽然不一定可取),让英语读者一目了然,不会由于文化缺项而产生文化隔阂。霍克斯将"怡红院"译成 Green Delight——"怡绿院",这一大胆的归化也是有其道理的。红色对中国人和英美人而言,会产生不同的理解和联想。"红色"对汉语文化的人而言,表示喜庆、幸福、吉祥,但在英语国家的人眼中,红色意味着革命、流血、危险或暴力,会给人以恐惧和害怕的感觉。英语里的绿色和金黄色具有类似红色在汉语里的联想意义。因此,霍克斯将红色改译成绿色符合英语文化读者的美学标准,从而可以让他们获得与原文读者相似的审美感受。

这几年,在杭州的钱塘江边,高楼大厦如雨后春笋般地涌现。

During this couple of years, high buildings and large mansions have sprung up like mushrooms along the Qiantang River, in Hangzhou.

原文是"雨后春笋般地涌现",译文归化为"蘑菇般地涌现",更贴近英语国家人的生活,更符合英语的表达习惯。

(三)文化调停策略

当运用归化翻译策略和异化翻译策略均无法解决翻译中的文化问题时,译者可以运用文化调停的策略,即省去部分或者全部文化因素不译,直接翻译原文的深层意思。文化调停策略的优势是保证译文通俗易懂,更具有可读性。但是,这种翻译策略也存在一个明显的缺陷,即无法保留文化意象,不利于文化的沟通与交流。例如:

…What a comfort you are to your blessed mother,ain't you,my dear boy,over one of my shoulders,and I don't say which!

(Charles Dickens:*David Copperfield*)

译文 1:你是你那幸福的母亲多么大的安慰,是不是,我亲爱的孩子,越过我的肩头之一,我且不说是哪一个肩头了!

(董秋斯 译)

译文 2:你那位有福气的妈妈,养了你这样一个好儿子,是多大的开心丸儿。不过,你可要听明白了,我这个话里有偏袒的意思,至于是往左偏还是往右偏,你自己琢磨去吧。

(张谷若 译)

在翻译该例时,董秋斯先生有意追求对原文的异化,尽管保持了与原文的对应,但会令汉语读者感到一头雾水。张谷若先生运用了归化策略,将原文的内在含义表达得十分清楚,为汉语读者扫清了理解的障碍。

刘备章武三年病死于白帝城永安宫,五月运回成都,八月葬于惠陵。

Liu Bei died of illness in 233 at present-day Fengjie Country,Sichuan Province,and was buried in Chengdu in the same year.

尽管原文的句子较短,但其蕴含的文化因素较为丰富,出现了古年代、古地名。显然,这些词的翻译是不可以运用归化法的,因为在英语中无法找到替代词。如果用异化法全用拼音译出或者加注释,会使译文看起来十分烦琐,读者也会难以理解。因此,译者牺牲了部分文化因素,选择文化调停策略,增强了译文的可读性。①

―――――――――

① 兰萍.英汉文化互译教程[M].北京:中国人民大学出版社,2010.

第五章 中国自然文化传播的翻译路径探索

人类有许多共同的生活经验和感受，所以不同文化有不少重合处，这也反映在英汉两种语言中的动物、植物、山水、色彩等的比喻义上。本章主要对中国自然文化传播的翻译路径展开分析。

第一节 动植物文化传播的翻译路径分析

一、中国动植物与西方动植物的文化内涵分析

（一）中国动物文化与西方动物文化的内涵

人们经常会将某些自然现象、抽象概念、社会特征或者人性与动物联系在一起，进而产生了很多具有丰富文化内涵的动物词语。但是由于文化差异，不同国家赋予动物的文化内涵不尽相同。

1. 狼（wolf）

狼（wolf）：凶残，贪婪（rule，greedy）。

英汉两种语言中的狼（wolf）基本上都是贬义词，而且有一些极其相似的表达。例如：

as cruel as a wolf（像狼一样残忍）如狼似虎

wolf down 狼吞虎咽，饿狼扑食

throw to the wolves（出卖朋友）白眼狼

a wolf-whistle（对异性进行挑逗、调情的口哨）色狼

be wolf-hearted 狼心狗肺

一些基于寓言故事的表达都惊人地相似，如 wolf in sheep's clothing：披着羊皮的狼；cry wolf：喊狼来了。又如：

Don't cry wolf or when you're really in trouble，no one will believe you.

不要骗人说你有麻烦，要不然真碰上麻烦时，没人相信你。

短语 keep the wolf from the door 意思是"维持生活，使免于饥饿"。例如：

With a wife and six children to support，he did all he could to keep the wolf from the door.

他要供养妻子和六个孩子，只好尽一切力量使全家免于挨饿。

2. 猫（cat）

在西方国家，猫是人们生活中常见的动物，常被当作宠物来饲养。与猫有关的短语也有很多。例如：

a gloved cat catches no mice 比喻人不愿吃苦成不了大事业

like a cat has nine lives 比喻吉人自有天相

care killed the cat 比喻忧虑伤身

cats hide their claws 比喻知人知面不知心

可见，英语中与 cat 有关的语句可以用来表达褒义，也可以含有贬义，英语文化中的人赋予了"猫"丰富的联想。但是，黑色的猫却让西方人感到非常恐惧，特别是英国人，他们会将黑猫与女巫厄运联系起来。英国古代的传说还认为，黑猫就是邪恶的女巫变化而来的。所以，英语中的 cat 还可以指"心地狠毒的女人"，如"She is a cat."（她是个不安好心的女人。）①

中华民族自古以来就有爱猫、养猫的传统，"猫"在中国有着悠久的历史。因为"猫""蝶"与"耄耋"谐音，而古时"耄耋"是指长寿的老人，所以小猫扑彩蝶配以红色牡丹这种传统图案在我国民间就象征着长寿和富贵。民间还流传着"猫有五福""猫入福地"等说法，"五福"即为"长寿"

---

① 闫文培. 全球化语境下的中西文化及语言对比[M]. 北京：科学出版社，2007.

"富贵""康宁""好德""善终","五福"合起来才能构成幸福美满的人生，"德"是五福的核心。所以，千百年以来，中国人提倡乐善好施、救生积德，在民间有些地区，仍然保留着为流浪猫开一扇窗户、留一碗餐食的风俗习惯，甚至有的地方还把"猫"当成神，家家供着"招财猫"。

3. 马（horse）

马（horse）：忠实、快（loyal, quick）。

西方的 horse 在历史上也起到过非常重要的作用，所以有很多与马有关的习语表达。现在西方生活中的马多用于赛马，从下面的例子也可以看出：

Dave is a big eater but he's met his match with Gordon—he eats like a horse.

戴维很能吃，他碰到了同样非常能吃的戈登。

horse laugh 粗声大笑

hold one's horse 沉住气

horse sense 常识

salt horse 海军中的非职业军官

put the cart before the horse 本末倒置

Lock the stable after the horse is stolen.

亡羊补牢，为时已晚。

A ragged colt may make a good horse.

丑驹可以长成骏马。（比喻后生可畏）

A horse stumbles that has four legs.

人有失手马有失蹄。

4. 鱼（fish）

世界上很多国家都曾有过关于人鱼的传说或记载，人们最熟悉的莫过于丹麦作家安徒生的《海的女儿》了，可见大多数国家的人们对于鱼这种动物都充满了喜爱。漫长的英国海岸线和岛上的众多河流蕴藏着十分丰富的渔业资源，在工业革命以前，英国还是一个经济比较落后的地方，大多数人们以渔业谋生。因此，与 fish 有关的姓氏在英语姓名中占有很大的比例，且这些姓氏大多至今仍然在使用，如 fish, fisher。并且跟捕鱼相关的语句也很多,如 the best fish swim near the bottom 比喻珍贵的东西不会轻易得到,做事要从长远打算;fish in trouble water 是指浑水好摸鱼,也用来表示干预某种令人不愉快的事情。[①]

fish 也可以象征负面的含义,如 loose fish 指放荡的人,dull fish 是枯燥无味的人,fresh fish 常用来指新来的囚犯,cool fish 用来指无耻的人。

鱼自古就被人们喜爱与崇拜。汉语"鱼"之所以非常受人欢迎,不单单因为鱼肉鲜美、营养丰富,还因为它所有的寓意基本都是褒义的。

"鱼"是一种通灵又善于幻化的神物,我国的民间传说和人文笔记中有许多鱼变人、变龙或者其他神物的故事。这在《山海经广注》《灵异记》《神异经》《酉阳杂俎》《三秦记》均有过记载,故事的派生源于原始的思维,这就说明了人对鱼的美好感情。

在西安半坡遗址出土的鱼文盆和人面鱼盆,都证明了鱼的图腾崇拜在原始社会就存在。由于鱼的繁殖能力很强,在远古的母系社会里,人们的寿命普遍较短,要想社会延续下来,只有通过大量的繁衍,因此"鱼"在古时象征着生殖信仰,寓意着人们对"人丁兴旺、多子多孙"的期望。

在民间文化中,"鱼"还象征着兴隆、腾达之意。古代传说有"鲤鱼跃龙门",其中的"鲤鱼"象征着勇敢、毅力、逆流而上。现代企业在办公室里养几条鱼,多为锦鲤,象征着"进利"。

5. 蛇(snake,serpent,viper)

蛇(snake,serpent,viper):冷酷、险恶、狠毒(cruel,dangerous)。

汉语中有很多和蛇有关的成语有此类含义,如佛口蛇心、蛇蝎心肠、毒蛇猛兽、龙蛇不辨、杯弓蛇影、贪心不足蛇吞象、鲸吞蛇噬等。也有一些具有其他含义,如画蛇添足、虎头蛇尾、打草惊蛇、笔走龙蛇、斗折蛇行、龙蛇飞舞等。

英语中的 snake 多为贬义,如 a snake in the bosom(恩将仇报的人),a snake in the grass(暗藏的敌人)。[②] 圣经中的"蛇"是撒旦魔鬼的化身,在伊甸园中诱惑夏娃吃禁果的就是魔鬼所化身的蛇,《启示录》中也多次提到那"古蛇(serpent)"。

---

① 王武兴. 英汉语言对比与翻译[M]. 北京:北京大学出版社,2003.
② 白桂芬. 文化与翻译新探[M]. 北京:中国纺织出版社,2017.

据《旧约·民数记》，以色列人在旷野给火蛇咬伤之后，上帝命摩西举起一条铜蛇。这条举起的蛇也是《旧约圣经》对新约中耶稣被钉十字架的预表。因此，手杖和蛇成了医治的象征，也成了联合国世界卫生组织的会徽。

6. 猪（pig）

猪（pig）：肮脏、丑陋、懒惰，贪得无厌（dirty，nasty，lazy，and greedy）。

汉语中的"猪"多为贬义，"笨猪、死猪不怕开水烫、猪脑子"都是语气极重的骂人词语。

英语中的"Pig!"也是骂人的脏话，其他表达也均为贬义。例如：

eat like a pig 吃得像猪一样

make a pig of oneself 大吃大喝

He has been a pig about money.

他对钱贪得无厌。

He is as dirty and greedy as a pig.

他像猪一样肮脏贪婪。

to teach a pig to play on a flute 做不可能做到的事（类似汉语的"对牛弹琴"）。

中国经典作品《西游记》中的猪八戒是贪吃贪睡、好吃懒做的形象。习语中的"盘猪""懒猪""猪头猪脑"描述的都是猪的懒惰、愚蠢。

7. 牛（ox，cow，bull）

牛（ox，cow，bull）：勤劳、强壮（hardworking，strong）。

汉语中和"牛"有关的成语多表示此意，如气冲斗牛、牛高马大、牛头不对马嘴、气喘如牛、牛头马面、牛鬼蛇神、牛刀小试、汗牛充栋等。

有时也有蠢笨之意，如对牛弹琴；因其块头比较大，故有"牛鼎烹鸡""杀鸡焉用牛刀"之说；因其毛多，故形容极大数量中微不足道的一点用"九牛一毛"；因其是畜生，故用"牛马襟裾"表示"衣冠禽兽"。还有一些成语来自典故，如"庖丁解牛"，则有特别的含义了。

汉语中的"牛"可转义指"棒，了不起"的意思，如"真牛！"；汉语中的"吹牛、说大话"在英语中也有类似的表达。

I've had enough of your bull.

你的那套废话我已经听够了。

英语中的 bull market 也表示比较好的、向上的行情。例如：

This is a rational bull market in real assets, with room to run.

这是一轮实物资产的理性牛市，仍存在上行空间。

此外，英语中的 bull 还用在一些习语中。例如：

The tired ox treads surest.

牛困走得稳。

The new housemaid is like g bull in a china shop.

新来的女佣是个毛手毛脚的人。

Don't be so bull-headed. Why can't you admit that others' opinions are just as good as yours?

别这么固执了，你为什么不能承认别人的观点也和你的一样好呢？（类似于汉语中的"牛脾气"）

8. 蝙蝠（bat）

在西方的传说中，bat 是一种邪恶的动物，往往与黑暗有着密切的关系。英语民族一提到 bat，往往会联想到 vampire，即吸血蝙蝠。传说中的 vampire 会在夜间离开墓地，去吸食人们的鲜血，让人们非常恐惧，对它也是非常厌恶的，英语中很多成语都表明了这一特点。例如：

crazy as a bat 如同蝙蝠一样的疯狂

as blind as a bat 如同蝙蝠一样瞎。①

在汉语文化中，蝙蝠有着丰富而美好的寓意，具体如下。

第一，代表健康、幸福。在汉语民族中，由于蝠与"福"字的发音相同，因此被人们认为是健康、幸福的代表。

第二，代表荣华富贵。在中国的很多传统画作中，蝙蝠与鹿往往被放在一起，意味着"福禄"，代表荣华富贵，保佑人们能够福禄安康。

第三，代表吉利。又为"红蝠"与"洪福"谐音，所以红色的蝙蝠更为吉利。

---

① 王武兴. 英汉语言对比与翻译[M]. 北京：北京大学出版社，2003.

9. 鼠（mouse）

鼠（mouse）：胆小，猥琐，肮脏，目光短浅、擅偷盗（timid，nasty，short-sighted）。

汉语中有很多和"鼠"有关的成语，均有上述含义。例如：

胆小如鼠、鼠目寸光、过街老鼠、官仓老鼠、以狸饵鼠、鼠窃狗盗、鼠肚鸡肠、孤雏腐鼠、鼠目獐头、鼠雀之辈、鼠迹狐踪、鼠啮虫穿、鼠腹蜗肠、抱头鼠窜……

但是也有其他意思，如投鼠忌器、鼠穴寻羊、猫哭老鼠、罗雀掘鼠。

英语中的 mouse 也多为贬义，且很多表达和汉语相似。例如：

You dirty rat.

你这卑鄙的家伙。

A lion at home，a mouse abroad.

在家如狮，在外如鼠。

as timid as a mouse 胆小如鼠

Don't make yourself a mouse，or the cat will eat you.

不要把自己当老鼠，否则肯定被猫吃。

A rat crossing the street is chased by all.

过街老鼠，人人喊打。

但是，英语中的 mouse 有时也有可爱的一面，如人见人爱的 Micky Mouse（米老鼠），mouse and man 用来指"芸芸众生"，而非"鼠辈"，甚至还有"安静"的特质，如 as quiet as a mouse（文静如鼠）。

10. 喜鹊（magpie）

在英语中，magpie 象征着唠叨、饶舌，同时还代表杂乱与混杂。例如：

Lucy kept muttering like a magpie.

露西像喜鹊一样在那吵闹。

Andy is a magpie.

安迪是一个饶舌的人。

to magpie together 鱼龙混杂

a magpie collection 大杂货堆

在汉语文化中,喜鹊代表吉祥,它的叫声能够给人们带来喜讯。例如:

晴色先从喜鹊知

鹊声喧日出

破颜看鹊喜,拭泪听猿啼

11. 鹦鹉(parrot)

鹦鹉(parrot):模仿别人,没有自己的独立见解。[①] 例如:

He talks like a parrot and just repeats what he heard.

他只是鹦鹉学舌,拾人牙慧罢了!

parrot 在英语中甚至用作动词,表示"人云亦云"。例如:

He doesn't have an idea of his own. He just parrots what others say.

他没有自己的观点,只是鹦鹉学舌罢了。

12. 狐狸(fox)

狐狸(fox):狡猾(cunning)。

He is a fox.

他是一条老狐狸。

play fox 耍花招

old fox 老狐狸

狐狸在文学作品中总是负面的形象,汉语的寓言故事"狐假虎威"也把狐狸描绘成一个极其狡猾的形象。汉语中的狐狸还表示妖媚:狐狸精;表示多疑:狐疑不决;表示臭味:狐臭;但是它迟早要暴露"狐狸尾巴",最终难以逃脱被惩罚的下场:再狡猾的狐狸,也难逃猎人的掌心。[②]

13. 狗(dog)

狗(dog)在中西方文化中的意义差异最大,西方人盛行养狗,人们把狗看成家庭的一员,所以说 love me,love my dog。和狗有关的词语也往往没有贬义。例如:

---

① 孙俊芳. 英汉词汇对比与翻译[M]. 北京:知识产权出版社,2016.
② 王武兴. 英汉语言对比与翻译[M]. 北京:北京大学出版社,2003.

a big dog 重要人物

a lucky dog 幸运儿

a gay dog 快活的人

a top dog 优胜者

watch-dog 检查人员、监视器①

英语中很多谚语、习语和狗有关,也充分表明了狗在西方生活中的重要性。例如:

Every dog has its day.

人人都有得意日。

If you want a pretence to whip a dog, say that he ate up the frying-pan.

欲加之罪,何患无辞。

One barking dog sets all the street a-barking.

一犬吠影,百犬吠声。

也有一些和狗有关的习语含贬义:

go to the dogs 每况愈下,前景不好

a yellow dog 卑鄙的家伙,懒汉,胆小鬼

put on(the)dog 摆架子;要派头,摆阔气

The dog returns to his vomit.

狗回头吃自己吐出来的东西;重犯旧日罪恶。

汉语中的"狗"几乎都是贬义:狗胆包天、狗急跳墙、狗头军师、狗眼看人低、狗仗人势、狗腿子、狗咬狗、狗咬吕洞宾、鸡鸣狗盗、狗血喷头、丧家之犬、狼心狗肺……

14. 猫头鹰(owl)

猫头鹰(owl):as wise as an owl:像猫头鹰一样聪明。汉语中的猫头鹰是不祥之物,有"夜猫子(猫头鹰)进宅,无事不来"的说法。但是汉语的夜猫子和英语的 night-owl 却非常对应,和 early bird 正好形成对比。此外,该词还有一些派生词和习语。例如:

Her new glasses make her look rather owlish.

---

① 程璠,杨可伊,杨镕静. 英汉对比视角下的英语翻译研究[M]. 北京:九州出版社,2017.

她戴着新眼镜看上去很文气。

With his owlish face, it is easy to understand why he was called "The Professor".

看他一脸的严肃,就不难理解为什么他被称为"教授"了。

bring owls to Athens 运猫头鹰到雅典;多此一举;徒劳无益

(二)中国植物文化与西方植物文化的内涵

桃子(peach)是一种常见的水果,英汉两个民族都用桃花来指代皮肤细洁、白里透红的妙龄少女。唐代诗人崔护《题都城南庄》诗云:"去年今日此门中,人面桃花相映红。人面不知何处去,桃花依旧笑春风。"此处"桃花"也喻指意外相逢的美貌女子。英国翻译家贾尔斯(H. Giles)将此诗译为 *A Retrospect*:

On this day last year what a party were we!

Pink cheeks and pink peach-blossoms smiled upon me;

But alas the pink cheeks are now far far away,

Though the peach-blossoms smile as they smiled on that day.

吕叔湘先生在书后《赘言》中评价说"这首诗通体自然流畅,和原诗对称"。① 这完全得益于译者贾尔斯对桃花在中英两种文化中联想意义共鸣的深刻了解和对原诗意境的准确把握,在译文中 peach-blossoms 使用了双关修辞手法,既指美人又指城南花园中盛开的桃花,桃花映美人,美人似桃花,崔护不知是美人笑还是桃花笑。② 译者在翻译中也使用了模糊语言,第二行 pink cheeks 与 pink peach-blossoms 前均无定冠词 the,二者既可以看作一个整体,也可以看作两件独立的事物,and 表示 like 之意,即像桃花似的美人。and 的这种用法在英文中很常见,如 love and a cough cannot be hidden,表示"恋爱如同咳嗽,叫人无法掩藏"。如果译者直接用 peach 一词来译桃花,那么这种朦胧的意境美则更令人心旷神怡。陆谷孙教授主编的《英汉大词典》(缩印本)中解释,peach 可表示桃花、桃树、桃子,peach-blossom 表示桃花或桃红色(即 pink)。相比之下,贾尔斯译文不如用 peach 更简洁,因为 peach 既指美人又指桃花,这样可以融情于景,化景为情,用简洁语言塑造一种"一切

---

① 雷冬雪,于艳平,闫金梅,等.英汉词语跨文化综述[M].长春:吉林文史出版社,2009.

② 杨海庆.中西文化差异及汉英语言文化比较[M].北京:知识产权出版社,2005.

景语皆情语"的境界。

在英汉两种语言中,桃花除了用来指代美人外,还可以用来形容女性白里透红的肤色,尤指少女双颊颜色。《警世通言》中描写杜十娘"两弯眉似远山青,一泓清潭秋水润,面似桃花,齿如排玉"。当然,桃花有时也形容男性红润的脸庞,但一般用"桃瓣",女性红润的脸庞一般用"桃花"来形容,因为花有女性的联想,尤其是漂亮的女性。《红楼梦》中贾宝玉出场时曹雪芹写道:宝玉"面若中秋之月,色如春晓之花,鬓若刀裁,眉如墨画,颜如桃瓣,目若秋波"。好一个英姿飒爽的怡红公子。在汉语中人们把女子的脸庞称为"桃腮",英文中对应的说法是 peachy cheeks,如 "She may have contrived to keep her peaches and cream complexion."(她也许已想出办法来保持自己白皙红润的肌肤。)

在中国古典小说中,作家刻画少女饮酒后脸上出现的红晕时常用"三杯竹叶穿肠过,两朵桃花脸上来"。正因为桃花在汉语中常与女性联系在一起,所以有爱情的联想。宋代陆游与表妹唐婉本是恩爱夫妻,由于陆游母亲的干扰,这对情人被拆散,唐婉后来迫于父命另嫁,数年后二人相遇于绍兴沈园,唐婉未忘前情,送黄滕酒给陆游。陆游思绪万千,在沈园墙上题了一首《钗头凤》,叙述自己心中的离愁别恨,词下阕云:"春如旧,人空瘦,泪痕红浥鲛绡透。桃花落,闲池阁。山盟虽在,锦书难托。莫!莫!莫!"这里,诗人用桃花象征他们过去的恩爱之情,由于封建礼教的摧残,他们的爱情之花凋落了,正如俗谚所云:三月桃花满树红,风吹雨打一场空。英文中 peach 却无这种对应的联想意义。

在英汉两种文化中,玫瑰都象征爱情。在英语文化中,玫瑰(rose)还可用来指代"极其美丽可爱的女子",相当于 peach,如"She is a rose of loveliness."(她长得妩媚动人。)英国诗人 W. 布莱克(1757—1827)写过一首《我可爱的玫瑰树》的诗,布莱克在此诗中把他的恋人比作玫瑰:有人要拿一朵花给我,五月的花从来没有这么美,但我没有要这美丽的花,我说,"我有一颗美丽的玫瑰"。我到我可爱的玫瑰树那里,不分昼夜地殷勤服侍,但我的玫瑰嫉妒了,不理我,她的刺成为我唯一的欢愉。

英国诗人赫里克(Robert Herrick)写过一首诗,题为《快摘玫瑰花蕾》(*Gather Ye Rosebuds*),全诗一共四节,前两节如下(黄杲忻译):

Gather ye rosebuds while ye may,

快摘玫瑰花蕾,趁你还年少,

Old time is still a-fling;

时光在飞逝不停；

And this same flower that smiles today,

今天这朵花儿还含着微笑，

Tomorrow will be dying.

明天它就会凋零。

The glorious lamp of heaven, the sun,

太阳这朵光辉灿烂的天灯，

The higher he's a-getting,

越是升向那天顶，

The sooner will his race be run,

它呀，就越是接近于走完全程，

And nearer he's to setting.

离落山也越近。

这里 rosebud 不仅指玫瑰花蕾，还可指初踏社会缺乏经验的少女，英美人还用 peach fuzz(桃子上的绒毛)比喻毛头小子。

赫里克的这首诗在意境上颇似杜秋娘的《金缕衣》：劝君莫惜金缕衣，劝君惜取少年时。有花堪折直须折，莫待无花空折枝。这两首诗都是劝谕世人赏春趁年少，因为红颜易凋，表现了东西方文明对人本体价值的尊重。花有女性的联想，尤其是漂亮的女性。例如，一个班级/系/学校最漂亮的女性被称为"班/系/校花"，英文中称之为 Miss Class/Department/University。汉谚"一朵鲜花插在牛粪上"则比喻俏妇嫁拙夫。

大诗人杜甫一生卑微不得志，只做过工部左拾遗之类的小官，但他位卑未敢忘国忧，虽然晚年住在成都郊外草堂且年老多病，但他以鬼神之笔写出了传世之作"三吏"和"三别"，发挥了文学补察时政、泄导人情的作用，真可谓是人生一世，草木一春，后人赞之为"世上疮痍，人间疾苦，诗中圣哲，笔底波澜"。

在汉语中，默默无闻的老百姓被称为"草民"或"草头百姓"，相当于 the grass roots。古代平民以白茅草盖屋作顶，以挡风避雨，而富人却住在朱门华堂，故白屋比喻贫寒之士，谓"白屋出公卿"。李白诗云："腹中贮书一万卷，不肯低头在草莽"。这里草莽就是指功名未取的白丁身份。中国人深受道教文化影响，常以出世的态度做入世的事情，一方面认为人生如轻尘栖弱草,何必自寻烦恼;另一方面,又认为人生如弱草闹枯荣,为人又怎能自甘平庸? 在英文中,grass widow 表示被遗弃的少妇(或情妇),英美人有句诙谐语:A grass widow has caught up with a hay fever,a snake in the grass 表示隐藏的敌人,send sb. to grass 表示"……退休(或赋闲)"。

汉语成语"打草惊蛇"中的蛇也表示隐藏的坏人,陈文伯教授指出,"打草惊蛇"不能译为 wake a sleeping dog,因为后者表示"自找麻烦"(strip up trouble),而"打草惊蛇"中的蛇比喻隐藏的坏人,他是侦察捕捉的对象,打草就会惊动坏人,使其逃跑或采取对策。所以,陈文伯教授认为"打草惊蛇"应译为 beat the grass and frighten away the snake-act rashly and alert the enemy。我们觉得"打草惊蛇"中的蛇完全可以套用英文成语 a snake in the grass,这样译文会变得更贴近原文。

二、中国动植物文化传播的翻译路径探索

(一)中国动物文化传播的翻译路径

动物的特性是超越国界的,这一点是直译动物词的基础,此外由于两种文化的交流与互动,很多词语在两种语言中能找到完全对等的说法。例如:

It is a good horse that never stumbles,and a good wife that never grumbles.

马有失蹄。(再好的马也失蹄,再好的妻子也唠叨)

a running horse is an open grave 行船走马三分命

The best horse needs breaking,the best child needs teaching.

人要练,马要骑。(马再好也需要训练,小孩再聪明也需要教育。)

He that steals an egg will steal an ox.

小时偷鸡,长大偷牛。

苛政猛于虎 tyranny is fiercer than a tiger

fish in troubled water 浑水摸鱼

目的语中若没有相应的喻体,则不必将动物词译出。例如:

蛛丝马迹 something fishy

拍马屁 lick somebody's boots

声色犬马 drown oneself in sex and pleasures

虎口余生 have a narrow escape

不入虎穴焉得虎子 nothing venture, nothing gain

费了九牛二虎之力 make tremendous effort

上海是中国经济建设的龙头。

Shanghai plays a leading role in China's economic construction.

乌鸦嘴 indicating bad luck

心急马不快。

A watched pot never boils.

做牛做马 slave for sb. without complaints

初生牛犊不怕虎。

Nothing is so bold as a blind man.

塞翁失马，焉知非福。

Misfortune may be a blessing in disguise.

盲人骑瞎马，夜半临深池。

If the blind lead the blind, both shall fall into the ditch.

患难见真情。

A friend in need is a friend indeed.

鲜花插在牛粪上。

Handsome women generally fall to the lot of ugly men.

宁为鸡首，不为牛后。

Better to reign in hell than serve in heaven.

瘦死的骆驼比马大。

The bones of a great estate is worth the picking.

唯……马首是瞻 serve under sb. with complete obedience

你真是狮子大张口。

You are charging too high.

这故事有点虎头蛇尾。

The story has a dramatic start but weak finish.

(二)中国植物文化传播的翻译路径

1. 直译

当某种植物词汇在英汉两种语言中的文化内涵相同或相似时,即可采取保留形象直译的翻译方法,这样不仅能够保留源语的文化特征,而且能丰富译文的语言。例如:

Great oaks from light acorns grow.

合抱之木,生于毫末。

Lose the forest for the trees.

见树不见林。(捡了芝麻,丢了西瓜。)

Forbidden fruit is sweet.

禁果分外甜。

A sesame stalk puts forth blossoms notch by notch, higher and higher.

芝麻开花节节高。

种瓜得瓜,种豆得豆。

As you sow, so shall you reap.

2. 直译加注释

对不了解西方文化的读者而言,直译也经常使他们困惑。此时,可以在保留原文的植物形象的基础上,再阐释其文化意义。例如:

As like as two peas in a pot.

一个豆荚里的两粒豆。(一模一样)

A rolling stone gathers no moss.

滚石不生苔。(改行不聚财。)

3. 舍弃形象意译

汉语中一个跟竹子有关的成语"胸有成竹",如果译成 have a bamboo in one's stomach,英语国家的人会十分不理解,所以只能译出其比喻意义 have a well-thought-out plan before doing sth.,也可以用英语成语来套用 have a card up one's sleeve。①

还有一些表达,如 spill the beans(撒豆子),as cool as cucumber(像黄瓜一样冷),to be full of beans(充满了豆子),be a peach(是一个桃子)等往往不能以其字面意义来理解,而应分别理解为"泄漏消息(秘密)""十分冷静""精力充沛""受人喜欢的人"。

第二节　山水文化传播的翻译路径分析

一、中国山水与西方山水的文化内涵分析

在中国古代社会,很多文人骚客特别钟情于山水,他们厌倦官场的尔虞我诈,喜欢纵情于山水之间,通过对山水的描述,来抒发自己的情怀。在长期的发展过程中,逐渐形成了中国独有的"山水文化"。人们将山水作为一种表达的对象,来抒发自己的心情和情怀。中国山水文化在中国古代的每个朝代都有出现,不过在唐代尤其突出。

唐代诗人对山水描写,写下了很多优美的关于山水的美丽诗篇。在这一时期,山水诗的创作达到了一个高潮,诗人将自己的喜怒哀乐寄寓山水中。例如,张若虚的《春江花月夜》:"不知江月待何人,但见长江送流水";李煜的《虞美人》:"问君能有几多愁,恰似一江春水向东流。"此外,流水在唐诗中还常象征着时光逝去,如"君不见黄河之水天上来,奔流到海不复回""无边落木萧萧下,不尽长江滚滚来"等表达的都是这种意境。②

在唐诗中也有很多关于山的诗,人们往往用山来比喻爱情,象征着忠贞不渝。例如:

《菩萨蛮》

唐无名氏

枕前发尽千般愿,要休且待青山烂。

水面上秤锤浮,直待黄河彻底枯。

---

① 冯庆华. 翻译365[M]. 北京:人民教育出版社,2006.

② 张青,张敏. 英汉文化与翻译探究[M]. 北京:中国水利水电出版社,2015.

通过这首诗可以看出，汉语文化中的山水具有丰富的文化内涵，是人们各种情感的一种寄托，可以引起人们的无限联想。

与中国古代丰富的山水文化相比较而言，西方山水通常仅表示一种自然现象，具有很强的客观性。人们对山水的描写仅限于从自然、客观的角度出发，并不代表任何深层的文化内涵。之所以如此，主要是因为西方人所持有的价值观念与中国人是不同的。西方人眼中的人与自然是对立的，并且认为人定胜天，他们的思维往往具有抽象性与客观性，因而对山水的欣赏往往是从客观角度来展开的。

二、中国山水文化传播的翻译路径探索

汉语中的山水具有丰富的文化意蕴，因而对这些含有山水内容的唐诗展开翻译时，困难就比较大。有学者指出，这种具有文学意象的诗具有可译性，通过一定的方式可以将其转换成另外一种语言中类似的物象，从而准确传达其寓意。也就是说"流水"和"山"可直译为 water，river，stream 和 mountain，hill，直译后"流水"和"山"的文化内涵会基本得以保留。① 例如：

望庐山瀑布

李白

日照香炉生紫烟，遥望瀑布挂前川。

飞流直下三千尺，疑是银河落九天。

译文一：

CATARACT ON MOUNT LU

Li Bai

The sunlit Censer perk exhales a wreath of cloud,

Like an upended stream the cataract sounds loud.

Its torrent dashes down three thousand feet from high,

As if the Silver River fell from azure sky.

（许渊冲 译）

---

① 孙蕾．英汉文化与翻译研究［M］．北京：中国书籍出版社，2014.

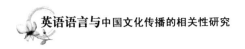

译文二：

Viewing the Waterfall at Mount Lu

Li Bai

Sunlight streaming on Incense Stone kindles a violet smoke，

Far off I watch the waterfall plunge to the long river.

Flying waters descending straight three thousand feet，

Till I think the Milky Way has tumbled from the ninth height of Heaven.

（Burton Watson 译）

第三节　色彩文化传播的翻译路径分析

一、中国色彩与西方色彩的文化内涵分析

（一）英汉颜色词结构和用法比较

颜色是自然界的重要组成部分,颜色的存在使得人们的生活多姿多彩,也为语言提供了无穷的话题。据说,世界上有四千多种颜色,可分为基本颜色词和普通颜色词。基本颜色词是普通颜色词构成的基础。王逢鑫的《英汉比较语义学》将汉语的基本颜色词分为白、黑、红、绿、黄、蓝、褐、紫、灰九个,Roget's Thesaurus 收录了十个英语的基本颜色词,分别是white、black、red、green、yellow、blue、purple、orange、brown、grey。

英汉颜色词有各自独特的搭配和结构,分别以 color 和"颜色"为上义词,构成了一个基本颜色词系统。每一个基本颜色词又可以作为上义词,构成更多更加细微的颜色词,从而成为词汇体系中一个庞大而又特殊的词群。①

---

① 孙俊芳．英汉词汇对比与翻译[M]．北京:知识产权出版社,2016.

1. 汉语颜色词的搭配结构

汉语颜色词的搭配结构主要有以下几种①。

(1)ABB 结构:红艳艳、黄灿灿、黑黝黝、绿莹莹、白皑皑、白茫茫、绿油油、灰蒙蒙。

(2)颜色词素＋词素"色":绿色、黄色、黑色、灰色、白色、橙色、粉色、赭色。

(3)普通形容词素＋词素"色":深色、浅色、冷色、暖色、暗色、亮色、浓色、流行色。

(4)普通形容词素＋基本颜色词素:深蓝、浅灰、淡紫、纯白、暗灰、大红、嫩绿、鲜红。

(5)地名/人名词素＋基本颜色词素:中国红、藏青、哈佛红、巴黎绿、牛津蓝。

(6)表物词素＋基本颜色词素:苹果绿、奶白、象牙白、西瓜红、鹅黄、宝石蓝、湖蓝。

(7)表物词素＋词素"色":咖啡色、奶油色、栗色、紫藤色、藕色、丁香色、菜色。

(8)颜色词素＋颜色词素:黑紫、橙红、紫红、粉红、蓝黑,灰黑、蓝粉。

(9)颜色词素＋形容词素:白嫩、红润、乌亮、白净、黑暗。

(10)其他结构:灰不溜秋、黑咕隆咚、黑不溜秋、白不拉唧。

2. 英汉颜色词的用法

英汉颜色词大部分用作形容词,但有时候可以活用作其他词性。例如:

His hair has been graying fast.（用作动词）

His hair was touched with gray.（用作名词）

春风又绿江南岸。（王安石《泊船瓜洲》）（用作动词）

何日归家洗客袍？银字笙调,心字香烧。流光容易把人抛,红了樱桃,绿了芭蕉。（蒋捷《一剪梅·舟过吴江》）（用作动词）

我有迷魂招不得,雄鸡一声天下白。（李贺《致酒行》）（用作动词）

---

① 孙俊芳. 英汉词汇对比与翻译[M]. 北京:知识产权出版社,2016.

但是英语中更多是通过派生的方式进行词性转化。例如：

Blackberries beginning to redden.

黑莓开始变红了。

Signs of an infection include redness, swelling, pain/discomfort and eye discharge.

眼睛感染的症状包括红、肿、疼痛/不适和眼睛有分泌物。

(二)中西语言色彩词内涵意义的相似性

两种文化和语言在不断交融和互动中，难免要彼此渗透，互相影响。提起蓝领工人(blue-collar workers)、白领工人(white collar workers)，甚至派生出的粉领工人(pink collar workers)、灰领工人(gray collar workers)等，中国人并不陌生，已经忘记这些词原本是舶来品。

此外，还有很多颜色词语英汉几乎完全对应，如黑白颠倒：turn black into white；红灯区：red district；黑市：black market；黑名单：black list；红酒：red wine；血红细胞：red blood cell；白纸黑字：in black and white；雪白的肌肤：snow-white skin 等。

1."红色"和 red

红色在汉语中表示"喜庆""热闹""温暖""害羞"等意，也表示"血腥""色情"，如汉语中有"脸红""依红偎翠""红杏出墙"等表达，同样英语中的 red 也有类似的含义：

Her face turned red.

她脸红了。

to roll out a red carpet 铺展红地毯(以迎接重要客人)

red letter day 纪念日；喜庆的日子

to paint the town red 痛饮，狂欢

red battle 血战

red-handed 正在作案的；手染血的

Is she really soared?

她是否如绯闻所言？

to see red(to turn red with anger) 大发雷霆、气得发疯

to wave red flag 惹人生气(从斗牛运动中引申而来的含义)

2.“紫色”和 purple

汉语中的“紫色”有“高贵、吉祥”之意，如紫气东来、大红大紫、红得发紫、紫微宫、紫微高照、紫袍。英语中的 purple 也被赋予“皇室”的高贵：

She was born to the purple. It seems no man matches up to her in this city.

她出身名门，这个城市似乎没有配得上她的男子。

3.“白色”和 white

英汉两种语言中的白色都有纯洁的含义。例如：

a white spirit 正直的精神

a white soul 纯洁的心灵

white market 正规、合法的市场

as white as snow 洁白如雪

除此以外，汉语中的白色常常和低贱、贫穷联系在一起，如白丁（没学问的人）、白户（平民户口）、白衣（无功名之人、丧服）、白吃白喝（不干活，只吃饭）、白拿（不付代价的拿），有诗词云：天寒白屋贫。而英语中的白并无此意，婚礼中的婚纱一般为白色，从事办公室工作的脑力劳动者被称为“白领（white collared）”。

4.“黄色”和 yellow

（1）黄色和 yellow 都有“危险、警告、虚弱、萧条、悲凉”之意。例如：

汉语中有“面黄肌瘦”，英语中有 yellow fever（黄热病），yellow blight（萎黄病）。

a yellow card 亮黄牌

double yellow-line 双黄线（在交通中表示禁止逾越）

岁去人头白，秋来树叶黄。搔头向黄叶，与尔共悲伤。（唐代卢纶《同李益伤秋》）

满地黄花堆积，憔悴损，如今有谁堪摘？（宋代李清照《声声慢》）

（2）汉语中的“黄色”还有“下流”“低俗”“色情”之意，如“黄色笑话”“黄色期刊”“扫黄”等。英语中虽然一般用 blue jokes 表示“色情笑话”，blue movies 表示“色情电影”，但是也用 yellow journalism 表示“八卦报

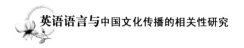

纸杂志"。①

5."绿色"和 green

英语中的 green 总是和蔬菜水果、园艺联系在一起,也有"嫉妒"的意思。例如,green thumb,green fingers 表示"擅长园艺工作"。green-eyed 表示"嫉妒",a green hand 表示"生手"。汉语中的"青"和"绿"常有低微、卑贱之意,因唐代官服中五品、六品为绿服,八品、九品为青服,故白居易在《琵琶行》中有诗云:座中泣下谁最多,江州司马青衫湿。古代妓院被称为"青楼","绿帽子"表示妻子不忠。

A hedge between keeps friendship green.

君子之交淡如水。

a green old age

老当益壮

to remain green forever

永远保持精力充沛

"绿色/green"是近几年新出现的环保词语,很多说法是直接翻译过来的,如绿色食品(green food/organic food)、绿色能源(green energy)、绿色促销(green promotion)、绿色出行(green travel)、绿色购物(green shopping)、绿色和平组织(Green Peace Organization)等。

6."黑色"和 black

black 和黑色都有"邪恶""不光彩""肮脏""沮丧""不幸""悲哀"之意。例如,"黑市""黑手党""黑心棉""黑色收入""背黑锅""黑五类""黑名单""黑货""抹黑""拉黑"等,看英语中的例子:

black mood 心堵低沉

a black dog 一个沮丧的人

black letter day 不吉利的日子

black money 黑钱(来路不正的钱)

black look 恶狠狠地看一眼

black-hearted 黑心肠的

---

① 孙俊芳.英汉词汇对比与翻译[M].北京:知识产权出版社,2016.

black sheep 害群之马

black flag 海盗旗

the future looks black 前景惨淡

black in the face 气得脸色发紫

be black with anger 怒气冲冲

black stranger 完全陌生的人

black book 记过簿

black leg 破坏罢工的工贼

二、中国色彩文化传播的翻译路径探索

(一)源语文本中的颜色词在目的语中未必出现颜色词

黄土 loess

红宝石 ruby

绿宝石 emerald

红榜 honor roll

红豆 love pea

红运 good luck

红利 extra dividend

红白喜事 weddings and funerals

红尘 human society/the world of mortals

红五月 thriving May

粉红的面颊 Rosy(ruddy)cheeks

红柳 rose willow

红人 a favorite with sb.

红绿灯 traffic light

红薯 sweet potato

青丝 black hair

收黑钱 take bribery/accept illegal money

红烧肉 pork braised in brown sauce

红颜知己 confidante

红袖添香 the beauty accompanying her lovers reading

红颜薄命 a beautiful girl has often an unfortunate life

红男绿女 fashionably dressed men and women

交白卷 hand in an unanswered paper

白马王子 Prince Charming

red ruin 火灾

red activities 左派活动

red vengeance 血腥复仇

red battle 血仗

red clay 黏土

red-handed；正在作案的 in the red；亏损

in the black 盈利

blue moon 千载难逢的时机或事情

blue stocking 女学者；才女；女学究

green room 演员休息室

to be in the green 血气旺盛

1o be in the green tree/weed 处于佳境

block coffee 不加牛奶的咖啡，清咖啡

brown bread 全麦面包

white Christmas 大雪纷飞的圣诞节

white lie 善意的谎言

（二）源语文本中的颜色词在目的语中未必用相同的颜色词来表示

汉语中说"白发苍苍"，英语中却一般用 gray hair 或者 grey head 来表示年老。其他例子如下：

红茶 black tea

红糖 brown sugar

青苹果 green apple

青山绿水 green mountains and blue waters

面色铁青 livid face

青一块紫一块 be in black and blue

(三)翻译颜色词时要考虑文化附加义

唐代骆宾王的《咏鹅》是家喻户晓的一首诗,其中的"白毛浮绿水,红掌拨清波。"更是脍炙人口,但是如果直接将其中的"白毛"译为 white feather,则美感尽失,因为英语中的 white feather 是和"胆怯、懦弱"联系在一起的。to show the white feather 表示"向对手屈服"。

汉语中的"白象"是许多产品的商标,河南有"白象"方便面,上海有"白象"电池,但是 white elephant 在英语中的意思是"昂贵而无用的东西"。其他带有文化色彩的颜色词如下:

red tape 官僚主义

a yellow dog 卑鄙可耻的人

in a brown study 沉思

while-slave traffic 卖良为娼的交易

in the pink 十分健康

green grocery 蔬菜水果店

What on earth makes you look so blue?

什么事让你如此愁眉苦脸的?

Despite occasional patches of purple prose, the book is mostly clear and incisive.

尽管这本书有些辞藻华丽的文句,整体上比较简洁明了。

Do you see any green in my eye?

你以为我幼稚可欺吗?

第六章 中国民俗文化传播的翻译路径探索

中西方民族的节日、服饰、饮食、建筑、数字各具特色。本章就针对中国民俗文化传播的翻译路径展开分析。

第一节 节日与服饰文化传播的翻译路径分析

一、节日文化传播的翻译路径分析

(一)中国节日文化与西方节日文化的内涵分析

1. holiday,festival,vacation 和节假日

holiday,festival 和 vacation 这三个词在表示节日或假日的时候意思有交叉重叠的地方,关于什么时候用哪一个词最合适,很多人并不清楚。这里我们介绍它们的用法和译法。

holiday 和 vacation 在表示"休假""外出度假"和"假期"时意思是一样的,差别在于 holiday 是英国用法,而 vacation 是美国用法。

I'm on holiday/vacation until the 1st of June.

我休假要休到 6 月 1 日。

summer holidays/vacation 暑假

Christmas holidays/vacation 圣诞假期

但 holiday 还可以表示"法定节假日",而 vacation 无此含义。

The 1st of May is the national holiday in China.

5月1日是中国的法定假日。

如果要表达某一机构里职员享受的带薪假则两词均可用。

Employees are entitled to four weeks' paid vacation annually.

职员每年可以享受四个星期的带薪假。

上面讲的是 holiday 和 vacation 用法的异同,下面再来看一看 holiday 和 festival 的异同。holiday 在表达"节日"时含义比 festival 广泛,既可以指法定节日,又可以指宗教节日,但 festival 不能用于法定节日,通常是指宗教节日或传统节日。

Christmas and Easter are church festivals.

圣诞节和复活节是教会的节日。

Spring Festival 春节

2. carnival 和"嘉年华"

carnival(a public event at which people play music, wear special clothes, and dance in the streets)是一种狂欢的节日,即"狂欢节",香港人把它音译成"嘉年华",这个优美的译名传入内地后,很快成为大型公众娱乐盛会的代名词,如 a book carnival(书籍博览会),a water carnival(水上运动表演会)。但现在 carnival 似乎大有被滥用的趋势,如"太妃糖嘉年华""啤酒嘉年华""花卉嘉年华"等,其实这里"嘉年华"只是"节日"的一个时髦叫法,与原来狂欢的概念已经相差甚远了。①

下面是几个世界著名的狂欢节。

Rio Carnival 里约热内卢狂欢节

Carnival of Venice 威尼斯嘉年华

Notting Hill Carnival 诺丁山嘉年华会

3. 和春节有关的词汇

春节(the Spring Festival)是农历(lunar calendar)的第一天,是中国人最隆重的传统节日,春节的历史非常悠久,所以与春节有关的词汇也特别丰富。下面我们介绍一些和风俗习惯及饮食有关的词汇。

① 邵志洪. 英汉对比翻译导论[M]. 上海:华东理工大学出版社,2010.

风俗习惯 customs

过年 celebrate the Spring Festival

春联 Spring Festival couplets

剪纸 paper-cuts

年画 Spring Festival picture

买年货 do Spring Festival shopping

烟花 fireworks

爆竹 firecrackers

舞狮 lion dance

舞龙 dragon dance

杂耍 variety show;vaudeville

灯谜 riddles written on lanterns

灯会 exhibit of lanterns

守岁 stay up for the new year

拜年 pay New Year's all;New Year's visit

祭祖宗 offer sacrifices to one's ancestors

压岁钱 lunar New Year money gift to children

食品 food

年糕 niangao;rice cake;lunar New Year cake

饺子 jiaozi

团圆饭 family reunion dinner

年夜饭 the dinner on lunar New Year's Eve

八宝饭 eight treasures rice pudding

元宵 lantem festival dumplings

4. 中西节日文化性质对比

西方节日的起源虽然与宗教密不可分,深受宗教影响,但是由于西方推崇"人性""个体价值",追求个人主义价值观,因此西方节日文化越来越注重单一的娱乐精神。虽然也有一些综合性质的节日,如圣诞节,但是相对来说,单一性质的节日更多。

中国传统节日是一种综合文化现象,往往集热闹、怀念、娱乐、祭祀等于一体。以清明节为例,其最初为农事节日,逐渐发展为与祭祀、禁忌以及郊游、踏青等活动相汇合的综合性节日。春节是中国影响最大的综合性节日，人们在节日期间会有祭神、祭祖、游览庙会、拜年、走亲访友等各种活动。①

中西方节日性质对比具体如表 6-1 所示。

表 6-1　中西方节日性质对比

中国		西方	
年节	综合	圣诞节	综合
元宵节	单项	狂欢节	单项
人日节	单项	复活节	综合
春龙节	综合	母亲节	单项
清明节	综合	愚人节	单项
端午节	综合	划船节	单项
七夕节	综合	情人节	单项
中元节	单项	中元节	单项
中秋节	综合	父亲节	单项
冬至节	单项	仲夏节	单项
腊八节	综合	啤酒节	单项
小年节	综合	婴儿节	单项
除夕节	综合	葱头节	单项

（资料来源：刘立吾、黄姝，2014）

（二）中国节日文化传播的翻译路径探索

每个国家都有自己的特别节日，有的是法定节日，有的是习俗节日。在中国，我们通常庆祝的国际节日和法定节日有下列这些。

元旦 Jan. 1-New Year's Day

---

① 王武兴．英汉语言对比与翻译[M]．北京：北京大学出版社，2003．

三八妇女节 Mar. 8-Women's Day

五一劳动节 May. 1-Labor Day

八一建军节 Aug. 1-Army Day

教师节 Sep. 10-Teachers' Day

国庆节 Oct. 1-National Day

在习俗节日中,除了前面提到的春节,比较重要的还有:元宵节、清明节、端午节、中秋节和重阳节。

把这些节日名称翻译成英语时,既要符合原意,又要便于理解。

元宵节 Lantern Festival

清明节 Pure Brightness,也有人称之为 Tomb Sweeping Day

端午节 Dragon Boat Festival

中秋节 Mid-autumn Festival,有时也译成 Moon Festival。

重阳节 the Double Ninth Day

节日来临的时候,人们总是想起自己的亲人和朋友,希望把最美好的祝愿送给自己所爱的人。下面是一些节日的祝福语,我们可以根据实际情况选择最合适的祝福语。

Merry Christmas and a happy new year.

敬祝圣诞,恭贺新禧。

May the joy of Christmas be with you throughout the year.

愿圣诞佳节的喜悦,伴随您度过新的一年。

May peace,happiness and good fortune be with you always.

祝您年年幸福平安,岁岁满目吉祥。

二、服饰文化传播的翻译路径分析

(一)中国服饰文化与西方服饰文化的内涵分析

1. 服饰材料的差异

西方服饰会选用亚麻布作为主要的材料,其主要归咎于如下三个原因。

（1）西方国家的地理环境特别适合亚麻的生长，所以很多国家盛产亚麻。

（2）亚麻布是很易于提取的一样布料，它不但有凹凸的美感还很结实耐用，特别适合百姓的日常生活劳作。

（3）西方国家特别提倡个人的奋斗，而亚麻布就充分体现了这种实用主义的价值观。

相对来说，中国服饰的选料就很丰富，如麻、丝、棉等。其中，丝是最具中国特色的一种服饰材料。

早在 5 000 年前中国人就开始养蚕、缫丝、织丝，所以中国就成了世界上当之无愧的丝绸大国。丝其实是一种总称，按照其织法、纹理的不同，其还能分为素、缟、绫、纨、绮、锦、纱、绸、罗、䌷、缣、绢、缦、缎、练等，可见中国的制丝工艺已发展到相当高的水平，充分体现了中国人民的智慧。

丝绸的质地特别细腻、柔软，能用于各种类型的服装及披风、头巾、水袖等。另外，丝绸更具有飘逸感，穿在身上能同通过人的肢体动作展现一幅流动的画面，特别动人。

2. 服饰图案的差异

随着历史的变迁，西方国家的服饰图案也在慢慢发生着改变。在文艺复兴之前，西方国家的服饰多见花草图案。在文艺复兴期间，西方国家的服饰多花卉图案。法国路易十五统治时期，受洛可可装饰风格的影响，S 形或旋涡形的藤草和轻淡柔和的庭院花草图案特别流行。直到近代，野兽派的杜飞花样、利用几何绪视原理设计的欧普图案、以星系或宇宙为主题的迪斯科花样和用计算机设计的电子图案较为流行。①

然而对于中国服饰而言，不管是民间印的花布还是高贵的绸缎，都喜欢用丰富多彩的图案表达吉祥如意的内涵。例如，人们常用喜鹊登梅、鹤鹿同春、凤穿牡丹等图案表达对美好生活的向往；龙凤呈祥、龙飞凤舞、九龙戏珠等图案不仅体现了人们作为"龙的传人"的自豪感，还蕴含了人们对传统图腾的崇拜。

---

① 殷莉,韩晓玲等. 英汉习语与民俗文化[M]. 北京:北京大学出版社,2007.

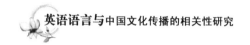

3. 服饰款式的差异

西方人身材都很魁梧,面部轮廓很明显,所以他们的服饰多注重横向的感觉,一般用重叠的花边、庞大的裙撑、膨胀的袖型以及横向扩张的肩部轮廓等来呈现向外放射的效果。另外,西方人性格热情豪放,注重个人奋斗,张扬个性,所以服装设计也较为夸张。例如,牛仔裤就体现了西方人我行我素的性格。此外,西方人穿的牛仔裤主要以靛蓝色粗斜纹布为原料,它不但简单实用,还有广泛的适应性,适合男女老少,这也体现了西方人"人人平等"的观念。

与西方人相比较,中国人整体都较为矮小。因此,为弥补这种身材上的缺陷,中国服饰多用修长的设计来制造比例上的视错觉。比如,设计出筒形的袍裙、过手的长袖以及下垂的线条。中国服饰整体上体现了雍容华贵,如魏晋时期,男人穿衣袖宽大的袍衫,妇女穿襦衣长裙;中唐时期,人们多穿拖地长裙;清代,人们的服饰有着肥大的袖口与下摆。由于中国人的面部线条柔和,为了与其相称,服饰多以"平""顺"为特色。

总之,不管是西方还是东方,服饰文化观总能鲜明地体现时代的特征、民族的特点,总是浸透着文化的主体特点。随着经济全球化的发展,中西方服饰文化得到了空前的融合。中西方的服饰文化也在相互影响,彼此渗透中不断发展,顺应了时代的发展需要,中国人在选择服饰时也渐渐打破传统陈旧的观念,与轨迹接轨。当然,即便中国服饰逐渐西化,但独具中国特色的传统服饰仍占重要地位,甚至得到西方人的喜爱和追捧。①

(二)中国服饰文化传播的翻译路径探索

服饰不仅是一种物质文明,而且是一个民族的精神面貌、审美情趣以及文化素养的综合体现。经过历史的沉淀,中西方服饰文化形成了各自的风格与特质。

1. 直译法

直译法是将服饰名进行直接翻译。例如:
官服 official uniform

---

① 张全.全球化语境下的跨文化翻译研究[M].昆明:云南大学出版社,2010.

朝服 court robe

长裙短袄 long skirts and bodices

皇冠（婚纱）Crown

自然美 Natural Beauty

自由鸟 Free Bird

如果服饰的意义和其中蕴含的意象在中西文化中具有相同或相近的含义，直译无疑是最直接而简要的翻译方法。如果因为文化背景的差异，译文在英语语言文化中容易引起读者的反感，则应避免用直译，如"船"牌床单，直译为 Junk 并不妥，因为 Junk 除了有"帆船"之义，还具有"废品""假冒货"等词义。

2. 释义法

作为汉民族中许多独特的民族服饰，我们无法在英语中找到对应的词汇进行翻译，即在翻译中出现了"词汇空缺"。翻译时我们多采用释义法进行表达。比如，中国是丝绸之乡，古代纺织业非常发达，由此也产生了许多丝绸的同义词。丝绸在中国是珍贵且家喻户晓的，而在英语语言中除了"缎"有对应的词 satin 外，其余的都无法找到对等的词汇。例如：

绡（生丝）raw silk

缟（一种白色的绢）a thin white silk used in ancient China

罗（质地稀疏的丝织品）a kind of silk gauze

绫（像缎但比缎薄的丝绸）a silk fabric resembling satin but thinner

绢（质地薄而坚韧的丝织品）thin, tough silk

缎（质地较厚，一面光滑有光泽的丝织品）satin

3. 意译法

许多服饰的描写，其目的并不是要告诉读者这些人物的穿戴，其主要目的是要体现人物的特征和地位。服饰在某种意义上是一种借代，用特定的穿戴来传达人物的身份，描写人物的性格等特征。这一类服饰大多可采用意译法。以下以《红楼梦》中的一些服饰英译为例加以说明。

貂蝉满座（曹雪芹《红楼梦》）

… in starched *official* hats trimmed with sable waiting their turn …

（David Hawks 译）

"貂蝉"是装饰着"貂尾"和"蝉"的"貂蝉冠",代表官爵高的人。

《红楼梦》中其他服饰意译的还有：

裰(在棉袄和裙子外穿的一种无袖、束身、V 领、长至膝盖下方的宽大长外衣)Chinese-style unlined garment, gown

大红羽缎对襟褂子(曹雪芹《红楼梦》)

a crimson camlet cloak which buttoned in front(杨宪益 译)

a greatcoat of red camlet over her dress(霍克斯 译)

玫瑰紫色二色金银鼠比肩褂(曹雪芹《红楼梦》

a rose red sleeveless jacket lined with brown-and-snow weasel fur

现代品牌服装同样承载着品牌的文化内涵,意译也是其中常用的方法之一。例如：

"七匹狼" 7-wolves

原商标英译 Septwolves 是一败笔。虽然 Sept-在英语中是表示"7"的构词前缀,但它又有"腐败,脓毒"的意思,因此译名"语义超载"。

根据西方文化给我们的启示,7-wolves 几近契合了西方理念。

4. 套译法

茄色哆罗呢狐皮袄子 purple velvet gown lined with fox-fur

雀金呢 golden peacock felt

(宝玉)头上戴着束发紫金冠,齐眉勒着二龙抢珠金抹额

a golden coronet studded with jewels and a golden chaplet in the form of two dragons fighting for a pearl

5. 音译法

对于词汇空缺问题,音译是常用的翻译方法。1982 年 8 月,国际标准化组织决定以汉语罗马字母拼写法作为国际标准。但有些名人和专用名的英译名,因为一直沿用威氏拼法进行英译,并已基本固定,不宜进行更改,以免引起译名混乱。例如：

中山装 Zhongshan suit/Sun Yat-sen uniform

旗袍 Chi-pao

唐装 Tang Wear

李宁 Lining

楚阁 True Girl

音译汉语服饰,应注意译名是否与英语中某一词语拼写相同或形似,是否因此而引起歧义或令人不愉快的联想。例如:

西子 Shitze

芳芳 Fang Fang

Shitze 与英语中的 Shits 谐音,而 Fang 在英语中是"毒牙"的意思。这时译者应改用其他翻译方法。

6. 译文比较与翻译

因嫌纱帽小,致使锁枷扛。

译文 1:Resentment at a low official rank

May lead to fetters and a felon's shame.

译文 2:The Judge whose hat is too small for his head Wears,in the end,a convict's cangue instead.

"纱帽"指乌纱帽,象征做官。译文 2 照字面意义,没有加注进行解释,读者难以理解。译文 1 采用意译,比较准确地传达了原文的意义。

将道人肩上的褡裢抢了过来背着……

译文 1:He transferred the sack from the Taoist's shoulder to his own…

译文 2:But Shi-yin merely snatched the satchel that hung from the other's shoulder and slung it from his own…

古人所谓的"褡裢",是一种中间开口而两端装东西的口袋,大的可以搭在肩上,小的可以挂在腰带上,所以它既不同于英语的 sack,也不同于 satchel。可见,文化词语的翻译并不容易,尤其是这类汉民族特有的词汇,翻译时也可适当运用音译加注法。

乌纱猩袍的官府。(曹雪芹《红楼梦》)

译文 1:an official in a black gauze cap and red robe

译文 2:the mandarin in his black hat and scarlet robe of office

对中国古代"乌纱"帽的英译着实不易。两种译文都采用了意译法,但无论是 cap 还是 hat,都无法确切地传达出乌纱帽的情状。中国古代官袍的颜色各有讲究。同样是红色的官袍,色彩深浅不同,其代表的官职大小就不同。scarlet 比较接近"猩红"的色彩,red 在表达上稍嫌宽泛。但 scarlet 在英语中与 red 一样都不容易被人接纳，在英语民族的人们看来，二者都带有血腥味。

第二节 饮食与建筑文化传播的翻译路径分析

一、饮食文化传播的翻译路径分析

(一)中国饮食文化与西方饮食文化的内涵分析

1. 中国饮食结构及烹饪

中国的饮食文化丰富多彩、博大精深，烹饪技术更是独领风骚，风靡世界。了解中国饮食的结构与烹饪是做好饮食文化翻译的必备条件。

（1）饮食结构

中国的物产丰富，从而造就了中国人民丰富的饮食内容与结构。通常而言，我国用以烹制菜肴的原料主要分为以下六种类别。

瓜果类。瓜果类的品种也很丰富，包括瓜类食品如黄瓜、丝瓜、冬瓜、南瓜、西瓜、甜瓜等；包括能制作干鲜果品的枣、核桃、栗子、莲子、松子、瓜子、椰子、槟榔等；还包括多种果、核、壳类食料，如苹果、葡萄、柑橘、菠萝、香蕉、桃、李、梅、杏、梨、石榴、柿子、荔枝等。

蛋乳类。这类食料是指由家禽派生出来的蛋类和乳类，如鸡蛋、鸭蛋、牛奶等。

蔬菜类。蔬菜类可分为两种，一种是可食用的野菜，一种是人工栽培的各种可食用的青菜。就目前而言，人工栽培的各种可食用的青菜是人们主要的菜肴原材料。蔬菜的种类广泛，既包括白菜、菠菜、韭菜、芹菜等茎叶蔬菜，也包括土豆、甘薯、萝卜、莲藕等块根、块茎类蔬菜，还包括蘑菇、木耳等菌类蔬菜，番茄类和笋类的蔬菜以及葱、蒜等。

油脂类。主要是指由家禽和鱼类提供的脂肪以及植物种子榨取得来的可食用油。

调味类。主要是指各种调料，如姜、辣椒、花椒、桂皮、芥末、胡椒、茴香、盐、糖、醋、酱油、味精、鸡精、料酒等。

鱼肉类。鱼肉类作为饮食原料是对古代食俗的传承，主要包括家畜中的猪、牛、羊以及家禽中的鸡、鸭、鹅的肉以及大部分内脏，也包括野兽以及野禽的肉（受保护的珍禽野兽除外），还包括水产中的鱼、虾、蟹等。

在中国人的饮食结构中，素食是主要的日常食品，即以五谷（粟、豆、麻、麦、稻）为主食，以蔬菜为辅，再加少许肉类。

除了以素食为主外，中国人还喜欢热食、熟食。在中国人的餐桌上，只有开始的几道小菜是冷食，随后的主菜多是热食、熟食。在中国人看来，热食、熟食要比冷食更有味道。中国人对热食、熟食的偏好与华夏文明开化较早和烹调技术的发达有很大关系。

（2）常用烹饪技术

中国饮食制作精细，烹饪方法多种多样。如果把上述六种食料用不同的方法烹饪，可以做出成千上万种不同风味的菜肴。以下我们主要介绍一些中国饮食的烹饪技术。

精细的刀工。加工食料的第一道工序是用刀，用刀要讲究方法和技巧，也就是刀工。日常的刀工主要有以下几种。

切、削——cutting；切片——slicing（鱼片：fish slice/sliced fish）；切丝——shredding（肉丝：shredded meat/pork shred）；切丁——dicing（鸡丁：chicken dice/diced chicken）；切柳——filleting（羊柳：mutton fillet/filleted mutton）；切碎——mincing（肉馅：meat mince/minced meat）；剁末——mashing（土豆泥：mashed potatoes/potato mash）；去皮——skinning/peeling；去骨——boning；刮鳞——scaling；去壳——shelling；刻、雕——carving 等。

各种烹调方法。中国的菜肴烹调方法有 50 多种，但常用的主要有以下几种。

炒——frying/stir frying。这是最主要的烹调方法，如韭菜炒鸡蛋可译为 Fried Eggs with Chopped Garlic Chives。

爆——quick frying。这种方法与煎大致相同，但所放入的油更少，火更大，烹饪时间更短。

煎——pan frying。这种方法就是在锅内放少许的食用油，等油达到一定的温度后将菜料放入锅内煎烹。

炸——deep frying/cooked in boiling oil。这一方法就是在锅内放

入更多的油,等到油煮沸后将菜料放入锅中进行煎煮,经过炸煮的食物一般比较香酥松脆,如炸春卷可译为 Deep Fried Spring Roll。炸通常可分为以下三种:酥炸(crisp deep-frying)、干炸(dry deep-frying)、软炸(soft deep-frying)。

烧——braising。这也是烹调中式菜肴时最常用的一种方法。所谓烧,也就是在锅内放入少量的食用油,等到油达到一定的温度后,放入菜料和佐料,盖上锅盖进行烹煮。比如,红烧鱼可译为 Braised Fish with Brown Sauce。

蒸——steaming。这种方法操作如下:将用配料以及调料调制好的菜料放在碗或碟内,再将其放入锅中或蒸笼中隔水煮。比如,清蒸草鱼可译为 Steamed Grass Carp。

煮——boiling。这种方法是指在锅内放入一定量的水、佐料,在文火上烧。比如,煮鸡蛋可译为 Boiling an Egg,涮羊肉可译为 Instant Boiled Lamb。

炖、煨、焖、煲——simmering/stewing。这种方法操作如下:将菜料放在水或汤中,用文火慢慢加热熬煮。比如,莲藕猪蹄汤可译为 Stewed Pig's Trotters with Lotus Root。

白灼——scalding。这种烹调制法的操作如下:将食物放在沸水中烫煮,然后取出来放佐料拌制或用热锅炒制。这种方法通常用于烹制海鲜食品。

烘、烤——grilling/roasting。烤是指将菜料放在火上或火旁烧烤;烘是指将菜料放在铁板架子上或密封的烘炉里烘,食物不与火直接接触。比如,北京烤鸭是 Roasted Beijing Duck,而广式铁板烧则是 Grilled Dish in Cantonese Style。

熏——smoking。这种烹调制法是指将宰杀的家禽或野味,用调料或香料调制好以后,将其用特殊的树木柴火进行熏烤,经这种方法烹制的菜肴往往风味独特。比如,五香熏鱼是 Smoked Spiced Fish。

2. 西方饮食结构及烹饪

西方饮食文化精巧科学、自成体系。西方烹饪过程属于技术型,讲究原料配比的精准性以及烹制过程的规范化。比如,人们在制作西餐时对各种原料的配比往往要精确到克,而且很多欧美家庭的厨房都会有量杯、天平等,用以衡量各种原料重量与比例。食物的制作方法的规范化特点体现为原料的配制比例以及烹制的时间控制。比如,肯德基炸鸡的制作过程就是严格按照要求进行的,原料的重量该多少就是多少,炸鸡的时间也要按照规定严格地操控,鸡块放入油锅后,15秒左右往左翻一下,24秒左右再往右翻一下,还要通过掐表来确定油炸的温度和炸鸡的时间。

相比较中国人的饮食原料,西方人的饮食原料极其单一,只是几种简单的果蔬、肉食。西方人崇尚简约,注重实用性,因而他们不会在原料搭配上花费太多的精力与时间。西方人只是简单地将这些原料配制成菜肴,如各种果蔬混合而成的蔬菜沙拉或水果沙拉;肉类原料一般都是大块烹制,如人们在感恩节烹制的火鸡;豆类食物也只经白水煮后直接食用。

相对于中餐而言,西餐文化更讲究营养价值,他们看重的是菜的主料、配料以及烹饪方法。西餐的菜品主要有以下几种。

(1)开胃品。西餐的第一道菜是开胃品,一般分为冷品和热品,味道以咸、酸为主,数量较少,质量较高。常见的开胃品有鱼子酱、奶油制品等。

(2)汤。汤是西餐的第二道菜,大致可以分为四类:清汤、蔬菜汤、奶油汤和冷汤。

(3)副菜。副菜一般是鱼类菜肴,是西餐的第三道菜。水产类菜肴与面包类、蛋类菜肴等都可以作为副菜。鱼肉类菜肴之所以放在肉、禽类菜肴的前面作为副菜,其主要原因在于这类菜肴比较容易消化。西方人吃鱼往往使用专用的调味汁,如白奶油汁、荷兰汁、美国汁、酒店汁等。

(4)主菜。主菜通常是肉、禽类菜肴,是西餐的第四道菜。肉类菜肴主要取自牛、羊、猪等,牛排或者牛肉在西餐中最具代表性。肉类菜肴的主要调味汁有蘑菇汁、奶油汁、浓烧汁、西班牙汁等。禽类菜肴主要取自鸡、鸭、鹅等,烹制方法有烤、焖、蒸、煮,通常用咖喱汁、奶油汁、黄肉汁等作为主要的调味汁。

(5)蔬菜类菜肴。在肉类菜肴之后是蔬菜类菜肴,有时可以作为配菜和肉类一起上桌。西餐中的蔬菜类菜肴以生蔬菜沙拉为主,如用生菜、黄瓜、西红柿等制作的沙拉。

(6)甜点。西方人习惯在主菜之后食用一些小甜点,俗称饭后甜点。实际上,主菜后的食物都可以称为饭后甜点,如冰激凌、布丁、奶酪、水果、煎饼等。

(7)咖啡、茶。咖啡或茶是西餐的最后一道菜。西方人咖啡通常会加糖和淡奶油,喝茶一般加糖或者香桃片。

虽然中西饮食文化存在着差异,但是随着中西文化交流的进一步加深,中西饮食文化也逐渐相互融合。现在的中餐已经开始注重食物的营养性、搭配的合理性以及烹饪的科学性;西餐也开始向中餐的色、香、味、意、形的境界发展。

(二)中国饮食文化传播的翻译路径探索

1. 菜名的翻译策略

就菜名而论,中国菜的命名大致可分为三类:以刀法、烹饪法为主命名,以主料、配料和味道命名,极具中国特色的小吃及以寓意或典故命名。以下分类论述其特点及可采取的翻译策略。

(1)以刀法和原料为主命名

常见的刀法有:切丝(shred)、切片(slice)、切丁(dice)、切柳(fillet)、切末(mince)、捣烂(mash)。这一类菜名可直接翻译,一般采用"刀法+主料+介词+配料"的结构。

中国菜肴的烹饪法成百上千种,主要有:煮(boil)、炖(stew)、蒸(steam)、烧(braise)、炒(fry)、炸(deep fry)、煎(pan-fry)、烤(roast)、烘(bake)、白灼(scalded)、熏(smoke)、涮(instant-boiled)、扒(fry and simmer, grilled)等,其中炒又可分为清炒(sauté)、爆炒(quick fry)、煸炒(stir fry)等。烹饪中火力的大小和时间的把握称为火候,主要有文火(gentle heat)、武火(high heat)、中火(moderate temperature)。[①]

在翻译这一类菜名时应将其中的实际信息在译文中表达出来,一般可采用"烹饪+主料+介词+配料"的结构进行直译。例如:

蚝油煎鸡脯 sautéed chicken with oyster sauce

杏仁炒虾仁 fried shrimps with almonds

香菇蒸鸡 steamed chicken with mushrooms

香熏鱼 smoked spicy fish

白灼基围虾 scalded shrimps

---

① 王述文. 综合汉英翻译教程[M]. 北京:国防工业出版社,2010.

（2）以刀法和烹饪法结合命名

许多中国菜肴在很大程度上取决于原料的制备、切配等加工过程，如刮鳞（scaling）、去菜皮（peeling）、去肉皮（skinning）、剔骨（boning）、脱壳（shelling）、捣碎（mashing）、泡制（pickling）、酒酿（liquor soaking）、腌泡（marinating）装馅（stuffing）、盐腌（salt-soaking）等。翻译时可用其过去分词加上原料，如皮蛋（preserved egg）、虾仁（shelled shrimp）、泡菜（pickled vegetable）、土豆泥（mashed potato）、酿黄瓜（stuffed cucumber）等。这类菜名在翻译时常采用直译法，其结构是"烹饪＋刀法＋主料＋介词＋配料"或"烹饪法＋主料＋形状＋配料"。

味是中国菜的灵魂，是烹饪成败的关键。常有五味：甜、酸、苦、辣、咸。但其中又可调出诸如五香（spiced）、糖醋（sweet and sour）、麻辣（pungent and spicy）、鱼香（fish-flavor）、怪味（multi-flavor）等多种复合味，运用的味汁有豆豉汁（black-bean sauce）、鱼香汁（garlic sauce）、京酱汁（sweet-bean sauce）、红烧计（brown sauce）、糖醋汁（sweet and sour sauce）、酱油汁（soy sauce）、醋溜汁（vinegar sauce）、蚝油汁（oyster sauce）、白扒汁（white sauce）、干烧汁（chili sauce）、豆瓣汁（chili bean sauce）、西红柿汁（tomato sauce）、糟溜汁（in rice wine）、蜜汁（honey sauce）等。

这类菜名的翻译也可用"主料＋介词＋配料"的结构进行直译。[①]例如：

糖醋排骨 sweet and sour spare ribs

蚝油菜心 green cabbage in oyster sauce

黄酒脆皮虾仁 crisp shrimp with rice wine sauce

2. 烹调前准备工作的翻译

在描述过程之前，我们需要先了解以下方法的英译中，在准备用料的时候，我们经常会碰到要剔骨剥壳，去皮除鳞，它们的英译分别为：剔骨（boning）、剥壳（shelling）、去皮（skinning）、除鳞（scaling）。比如，虾仁就是 shelled shrimp，去皮蹄膀就是 skinned leg of pork。另外，有的原料需要水发，有的需要腌制，如水发木耳可以译成 soaked Jew's ear，

---

① 陈建平．应用翻译研究［M］.苏州：苏州大学出版社，2013.

咸菜可以译成 pickled vegetable,腌猪肉可以译成 corned pork,抹盐可以译成 rub over with salt,而抹淀粉或鸡蛋则说 coat sth. with corn-starch/egg batter。①

豆腐切块就可以说 cube the bean curd,鱼片可以说 sliced fish 或者 fish slices,鸡丝可以说 shredded chicken 或者 chicken shreds,火腿丁译成 diced ham 或者 ham dices,牛柳译成 filleted beef 或者 beef fillets,虾糜可以译成 minced shrimp 或者 shrimp mince,蒜泥译成 mashed garlic 或者 garlic mash,把鸡腿拍松就可以译成 pat loose the drumsticks,往鲫鱼里塞肉就可以译成 stuff the crucian with meat。②

从遍布世界各地的中餐馆我们不难看出"色香味"俱全的中华美食确实有着所向披靡的魅力,但是这些诱人的菜看在上桌之前必须在厨房经过很多道水火的考验。以"滑炒鳝丝"(Sautéed Eel Shreds)为例,用英语解释一下它的烹饪过程。

烹饪程序:

第一步,用八成热的油把鳝丝炸一下。

第二步,锅里留少量油,用葱和姜炒香,加糖、盐、酱油,把鳝丝倒入锅里,加酒,翻炒几下,然后盛在一个盘子里。

Cooking procedure:

Step one:Deep-fry the eel shreds in 80% hot oil.

Step two:Flavor oil with scallion and ginger,add sugar,salt,soy sauce,drop in eel shreds,add wine,stir-fry,place in a plate.

为了了解更多的程序,我们必须知道下列常见烹调技法的英译:

煮 boil(煮水波蛋 poach an egg)

涮 scald in boiling water;instant-boil

炒 stir-fry(炒蛋 scrambled egg)

水煮 boil with water

煎 pan-fry

爆 quick-fry

炸 deep-fry

---

① 刘黛琳,牛剑,王催春.实用阶梯英语跨文化交际 第2版[M].大连:大连理工大学出版社,2010.

② 冯庆华.翻译365[M].北京:人民教育出版社,2006.

干炸 dry deep-fry

软炸 soft dee-fry

酥炸 crisp deep-fry

扒 fry and simmer

嫩炒 sauté

铁烤 broil；grill

烧烤 roast；barbecue

烘烤 bake；toast

浇油烤 baste

煲 stew(in water)；decoct

炖 stew(out of water)

卤 stew in gravy

煨 simmer；stew

熏 smoke

烧 braise

焖 simmer；braise

红烧 braise with soy sauce

蒸 steam

焯 scald

白灼 scald；blanch

勾芡 thicken with cornstarch

3. 餐桌上菜名的翻译

菜名翻译的时候应该尽量保留原文的美感，而不是仅仅翻译菜的原料和做法；当然，这个标准是灵活的，视具体情况而定。最简单的是"原料＋做法"的菜名，可以采取直译的方法。例如，"北京烤鸭"可以译成 Beijing Roast Duck，"清蒸黄鱼"可以译成 Steamed Yellow Croaker。①

如果菜名是部分描摹菜的形色，部分点明原料的，可以把描摹部分翻译出来，更加形象。比如，"葡萄鱼"和"金银鸭片"。"葡萄鱼"是烧好之后状如葡萄的鱼，所以可以译成 Grape-shaped Fish；而"金银鸭片"是

---

① 刘黛琳，牛剑，王催春. 实用阶梯英语跨文化交际 第2版［M］. 大连：大连理工大学出版社，2010.

指颜色金黄雪白交错,所以可以译成 Golden and Silver Duck Slices。

相传神农尝百草,发现茶叶能解百毒而把茶叶奉为天赐神药,可见中国人与茶有着非常深厚的渊源。唐时陆羽著《茶经》,对茶树的形状、茶叶产地、制茶工序等记叙详尽,被后人尊为茶神。后来茶叶随丝绸之路和几次航海经历传到世界各地,形成了各种不同风格的饮茶方式。

中国的茶叶根据发酵程度不同可分为绿茶、黄茶、白茶、青茶、红茶和黑茶六大类。我们可以把绿茶译成 green tea,黄茶译成 yellow tea,白茶译成 white tea,青茶(乌龙茶)译成 oolong tea,红茶译成 black tea,黑茶译成 dark tea(为了有别于 black tea)。根据外观可以分为砖茶、茶末和叶茶。砖茶可以译成 compressed tea,茶末可以译成 broken tea,而叶茶则习惯译成 leaf tea。根据饮用方法不同又可以分为工夫茶、盖碗茶等。工夫茶可以音译成 Gongfu styled tea 或者意译成 time-taking tea。盖碗茶也可以音译为 Gaiwan tea 或者意译为 Lidded bowl tea。

三炮台是兰州一种很有特色的盖碗茶,之所以称为"三炮台"就是因为这茶可以冲三次水,头一遍是茶香,第二遍是糖甜,第三遍就是桂圆、大枣等的清香,因此可以译成 thrice brewed tea。

此外,还有各种果茶和花茶,以及与其他调料混制的茶。如何用英语来表示这些茶呢? 比如,果茶我们可以译为 fruit flavored tea,芒果茶可以译为 mango flavored tea;花茶可以译为 scented tea,玫瑰花茶可以译为 rose scented tea;奶茶译成 milk tea。

英语里面也有各种茶,如加了草药的 herbal tea 或者 Tisane(法语),把不同产地不同品种的茶混在一起制作的 tea blends,以及 organic tea 和 decaffeinated tea。如果把它们译成中文,herbal tea 或 Tisane 可以译成凉茶,tea blends 可以译成混制茶,organic tea 译成有机茶,decaffeinated tea 译成"低咖啡因茶"。

在中国的食品中,粽子是最有民族特色的。从制作原料到制作方式以及其食用节日的特殊含义,粽子都有着非常丰富的文化内涵。我们先来看词典对"粽子"的解释。某词典的英语翻译是这样的:pyramid-shaped dumpling made of glutinous rice wrapped in bamboo or reed leaves eaten during the Dragon Boat Festival。我们日常生活会话与文学作品中的粽子如果这么去翻译的话,未免太复杂了。吴光华主编的《汉英大辞典》对"粽子"的翻译要简单得多:zongzi;traditional Chinese rice-pudding。

一时，上汤后，又接献元宵来。

（《红楼梦》第五十四回）

Presently soup was served, followed by New-Year dumplings.

（杨宪益、戴乃迭 译）

Presently soup was served and, shortly after, It the First Moon dumplings of sweetened rice-flour.

（霍克斯 译）

从上面这个例子来看，"元宵"二字没有出现在人物对话中，因此这个例子不属于对话体，表达"元宵"这个概念未必要用最精简的语言形式。杨译的 New-Year dumplings 应该说不会使读者产生误解，但是不够精确。霍译的 It the First Moon dump-lings of sweetened rice-flour 就比较明确，作为小说描述体，这样比较详细的翻译是合适的。

4. 中国菜名的转译

在与外国朋友交谈的时候，我们喜欢在介绍物品通用的名称之余，不失时机地解释那些名字在中文里的含义以及它们体现出来的文化特征。我们经常看到外国朋友脸上惊异的表情，听到他们由衷的赞叹："You Chinese people are really romantic and poetic."其实，中国人的这种浪漫与诗意体现在生活的各个方面，即使是平常如一日三餐也可管中窥豹。比如，我们喜欢在命名菜肴的时候用数字，可是在翻译菜名的时候我们可不能小看了它们，以为只要把它们译成相应的数字就完了，还是要具体情况具体分析。①

菜名里如果包含二、三、四、六这几个数字的往往为实指，可以根据字面意思直译。例如，"珠玉二宝粥"可以直译成 Pearl and Jade Two Treasures Porridge。其实，这个"珠"指薏米，也就是 the seed of Job's-tears，而"玉"指山药，即 Chinese yam，薏米和山药经过水煮，莹白透亮，形色如珍珠、白玉，故名"珠玉二宝粥"；也可以直接翻译所用材料，让外国朋友一目了然：the Seed of Job's Tears and Chinese, Yam Porridge。菜谱上以译成前者为宜，可以引发联想，唤起食欲，但是为了避免外国朋友如坠云里雾里，我们可以在括号里注明原料。又如，"红油

---

① 冯庆华．翻译 365[M]．北京：人民教育出版社，2006．

145

三丝"可译为 Three Shreds in Spicy oil,然后在括号里注明是哪三丝。
"四喜鱼卷"可译为 Four Happiness Fish Rolls,因为每组鱼卷中四个不同
颜色的小卷分别代表古人说的人生四喜,即"久旱逢甘露,他乡遇故知,洞
房花烛夜,金榜题名时",而"六素鸡腿"则可以译成 Drumsticks Cooked
with Six Vegetables,"三鲜汤"可以译成 Three Delicacies Soup。

　　然而,碰到下面这种情况又当别论,如"二冬烧扁豆"。"二冬"分别
指冬笋和冬菇,我们总不能译成 Cooked Haricot with Two Winters。这
里还是点明"二冬"的含义为佳,建议译为 Cooked Haricot with Winter
Bamboo Shoots and Dried Mushrooms。又如,"双耳汤"应该译成 Soup
of Jew's Ear and Tremella,如果直译成 Two Ears Soup 反而费解。

　　饮食文化中的虚指数字处理中华饮食博大精深、源远流长,于不经
意间折射出来的文化精粹如散落于山间溪流的碎钻,闪耀着迷人的光
华。中国文化恰似一张太极图,其精粹便在于虚实结合,而且往往虚的
部分比实的部分更传神,因为它留给观众更多的想象空间。例如,菜名
中的虚指数字,它并不意味着那个数字确切表示的数量,而是一个约数,
或文化名词的一部分。

　　中国文化中经常用虚指数字,一般用三、五、八、九、十来表示多或程
度高,如"三番五次""八辈子""九牛一毛""十全十美"。因此,"五香"并
不一定指五种香味,"八宝"并不一定就是八种原料。翻译的时候可以采
取灵活译法,不必拘泥于字面数字。"五香牛肉"可以译成 Spiced Beef;
"八宝粥"可以译成 Mixed Congee Porridge;"九转大肠"可以译成
Braised Intestines in Brown Sauce;"十全大补汤"可以译成 Nutritious
Soup with Mixed Herbs。

　　如果数字为文化名词的一部分,则翻译时以传达文化含义为主。如
鲁菜中的"一品锅",闽菜中的"七星丸"等。据说秦始皇统一六国之后,
生活日渐奢靡,对为他准备的食物经常挑三拣四,他的厨师们为此惶惶
不可终日。一日他点名要吃鱼,厨师在准备的时候误把鱼肉切下来一
块,无计可施,只好把鱼剁碎,和上各种调料,放入锅内。没想到秦始皇
尝过之后龙颜大悦,拍案叫好。这道菜烧好之后汤清如镜,汤面上浮着
的鱼丸如满天星斗,于是就用天上极具代表性的星座北斗七星来命名,
因此这个汤就被称为"七星丸"而衍传至今。因此,翻译时也用意译为
好,可以译为 Starry Night Fish Ball Soup。

二、建筑文化传播的翻译路径分析

(一)中国建筑文化与西方建筑文化的内涵分析

西方建筑形式受实体宇宙观的影响呈现了多样化的特点,而中国的宇宙观使中国的建筑形式相对稳定。对于建筑形式和内容,中西方均认同的是达到二者的统一。但不同的是,西方从古希腊时期的"一元论"到黑格尔的"二元论"再到 20 世纪的"多元论",其形式始终是否定的自主性的前进的,中国特别强调内容决定形式,"道"胜过"文"。西方注重一切从实体出发,通过逻辑与分析大大地发展了建筑的形式;中国从"气"的宇宙观出发,运用整体思维,以"天人合一"的理想追求建筑的永恒。西方人擅长思辨、分析科学;中国人擅长兼容、包含,汲取他人的长处。[①]

1. 城市空间差异

受中西方古代哲学观念的影响,其城市规划思想出现了较大的差异,从而出现了不同的城市空间特点。

西方古代城市的特点主要体现在四个方面,如图 6-1。

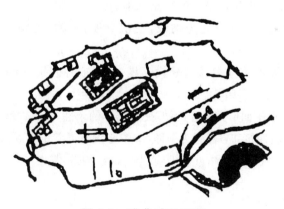

图 6-1　雅典城平面图

(资料来源:黄险峰,2003)

---

① 王恩科,李昕,奉霞. 文化视角与翻译实践[M]. 北京:国防工业出版社,2007.

（1）没有固定的轴线，道路呈环形辐射状、布局自由。

（2）城市中心是宗教式的建筑，公共广场为开放式的格局。

（3）市中心多为高大建筑，周边是较低矮的建筑，市中心一般没有高山。

（4）城市建筑的尺度和体量都很宏大，给人以扩张感，以及与自然对立的外观。

《周礼》记载了有关中国古代城市规划的思想，即"匠人营国，方九里，旁三门，国中九经九纬，经涂九轨，左祖右社，前朝后市，市朝一夫"。随着中国礼制的强化，皇权地位的提高，祭祀的繁复，使城市规划必须考虑到主次、礼制等思想。基于这一思想，中国古代建筑出现了对称、规整、轴线等特点。人们的所有活动都被圈定在了一个方正的大街小巷分成的内向院落中。这种建筑布局形式使得我国古城始终都难以得到扩大，也没有放射型的道路，这显然与欧洲城市布局完全不同。

中国统治阶级强调"王权至高无上"，而西方人认为"神权至高无上"。于是，西方神人同形的宗教信仰使其城市建筑中出现了很多宗教建筑，且会安置在市中心。比如，中世纪的教堂会建在市中心，其体积几乎是市中心最庞大的一个，广大市民会在重要的日子到此处集会、狂欢。欧洲城市道路的网络一般以教堂为中心呈放射状。

中国古代城市建筑呈现的特点如下。

（1）整体性强，以南北为轴线，主次分明，对称，道路呈网状、布局规整。

（2）市中心会在重要位置建设王城、衙署或钟鼓楼，十字街口，没有公共广场，布局呈封闭状态。

（3）建筑以平面形式展开，不但突出实体的个性，而且以庭院和建筑组群的形式出现，建筑和自然融为一体，市中心没有高耸的建筑，高塔常建在山丘和郊区。城市建筑注重"适形而上"，曲线内敛，与大自然十分协调。

2. 建筑差异

西方建筑不太注重内部空间，反而是以外部空间为主、四周开放的状态形成心理上的外向社会离心空间，人们经常聚集在户外的广场，所以他们会将广场称为"城市客厅"。

四合院是中国的典型传统建筑。中国的四合院外部设有围墙，入口用照壁和影壁作为屏障,体现了中国人内向保守的性格,也反映了我国小农经济自给自足的状态,呈现了与外界无过多往来的特点。①

（二）中国建筑文化传播的翻译路径探索

1. 砖是砖,瓦是瓦

许多人学英语,总认为英语单词是和汉语字词相对应的,而且是一一对应关系,如"天"就是 sky,"地"就是 earth,然而,并不是两种语言对事物的指称都像"天""地"这样完全吻合的。

同汉语"砖""瓦"有别一样,英语也相应地各有 bricks 和 tiles 两个词分别指砖、瓦。然而,英语中也有称作 tiles 而汉语却不称"瓦"而照样称"砖"的。比如,《汉英词典》告诉我们:"瓷砖"是 ceramic tile 或 glazed tile,"琉璃瓦"是 glazed tile。"瓷砖"的英语确属 tiles 而不属 bricks;"琉璃瓦"之为 tiles 之属而非 bricks 之类,也是语言事实。至于 glazed tile 也的确兼指"瓷砖"或"琉璃瓦"。

由此可见,英语的 brick 并不是对应汉语中的"砖",brick 一般指的是黏土块烘烧而成的"砖",如 a house made of red bricks(红砖砌成的房子);其他的"砖",如"瓷砖""地砖""贴砖"等都属于 tile,如 tile floor(砖地)等。至于汉语的"瓦"基本上都是 tile,如 acoustical tile(隔音瓦),asbestic tile(石棉瓦)。tile 既是"瓦",又是某些"砖"。例如:

We use tiles to cover roofs and sometimes floors and walls.

我们用瓦片盖房顶,有时也用瓷砖铺地面和墙面。

2. 拙政园

苏州园林是中国建筑史流光溢彩的一章,拥有不少闻名遐迩的古迹名胜,不妨先罗列一下:

拙政园 the Humble Administrator's Garden

留园 the Lingering Garden

环秀山庄 the Mountain Villa with Embracing Beauty

狮子林 the Lion Forrest Garden

---

① 黄险峰. 中西建筑文化差异之比较的探讨[J]. 华中建筑,2003,(10).

网师园 the Master-of-Nets Garden

沧浪亭 the Surging Waves Pavilion

其他名胜的英语译名多半没有什么纷争,唯有拙政园在当年美国的《生活》等杂志上还引起过一场不小的笔墨官司。拙政园乃明嘉靖御史王献臣所建,是我国古代造园艺术的杰作。20 世纪 80 年代初期,拙政园的"明园"复制品曾送往美国纽约展览,在不少美国杂志上还刊登了"明园"的照片。围绕拙政园的英语译名,一位摄影记者对西方的译法提出了异议。

A correct translation of the photo's subject is "Ming-gate View of the Humble Politician's Garden"—very different from the Western sense from your caption's "unsuccessful politician".

问题原来出在"拙"上了。外国人当然不懂,"拙"是谦辞,"拙政"并没有真正的"政绩失败"的意思,所以 unsuccessful 显然是不正确的。在比较旧式的英文信件中,职工有对老板自称为 your humble servant 的,大概与汉语的"卑职"相当,用 humble 来对译"拙"还是说得过去的。

谦辞在翻译中如何处理,没有定例。比如,有人将汉语的"贱荆"和日语的"愚妻"翻译成 my humble wife 或者 my foolish wife,这种译法可能会使英美人士感到莫名其妙,特别是当他们发现此妻既尊且慧,毫无"下贱""愚蠢"之嫌时。

3. 故宫建筑群

故宫 1987 年被联合国教科文组织(UNESCO)列为世界文化遗产(World Heritage Sites)。

故宫(the Imperial Palace),又称紫禁城(the Forbidden City),是明清两代的皇宫,故宫是世界上现存规模最大最完整的古代木结构建筑群,也是我国现存最大最完整的古建筑群(ancient architectural complex)。

故宫林林总总的建筑物在英语当中如何表示呢? 下面是中国传统建筑的英语表达法:

陵墓 mausoleum

亭/阁 pavilion

石窟 grotto

祭坛 altar

宫/殿 hall;palace

水榭 waterside pavilion

台 terrace

楼 tower;mansion

塔 pagoda;tower

廊 corridor

堂 hall

门 gate

故宫建筑群主要建筑的翻译如下：

太和门 Gate of Supreme Harmony

太和殿 Hall of Supreme Harmony

中和殿 Hall of Central Harmony

保和殿 Hall of Preserved Harmony

文渊阁 Pavilion of Literary Source

乾清宫 Palace of Celestial Purity

坤宁宫 Palace of Terrestrial Tranquility

养心殿 Hall of Mental Cultivation

乐寿堂 Hall of Joyful Longevity

御花园 Imperial Garden

4."住房"词语

普通北美人居住的房子有两层住宅（detached house）、平房住宅（bungalow）、排屋（town house;row house）等。

两层住宅的内部结构如下：

一楼：门厅（the hall），客人进屋后的回旋之地。比如，脱下外套、放置雨具等。客厅（the parlor;the sitting room）为待客之用。饭前，客人和主人在此聊天。吃饭时，客人从客厅步入餐厅（the dinning room），围桌进食。厨房（the kitchen）总是紧靠餐厅，这样上菜方便。西方人不大起油锅，因此厨房非常干净。

二楼主要有卧室（the bedroom）和盥洗室（the toilet）。小孩一般也拥有自己的卧室，内部布置和摆设全由孩子决定。盥洗室一般有两间。

上面的阁楼(the attic；the garret)不住人，存放杂物而已。

地下室(the basement)不是存放蔬菜、杂物之地。地下室里一般有锅炉房(the furnace room)、洗衣房(the laundry room)、贮藏室(the sprinkler)、儿童游戏室(the play room)。锅炉用石油作燃料，水温自控。全家的衣服在洗衣房洗涤烘干，外国人很少晾晒。贮藏室里则备有电锯、斧子等工具。儿童游戏室里有大沙发、电视等。有些房东常常把地下室租给外国留学生，租金较为低廉。

车库(the garage)内除了停放汽车外，还存放大量汽车维修工具和备用器材。

5."贵宾休息室"还是"贵宾厕所"

在许多著名旅游热点地区经常可以看到英文招牌和广告，这显然是为了方便那些会说英语的外国游客而设立的。但是不规范的表达法、错误的拼写、生编硬造的英文反而起了事与愿违的作用。2002年，北京开展了一个为期半年的活动，以纠正那些有错误或者误导的英文路标和招牌。[①] 在靠近天坛的一家餐馆里，菜单上的 crap 英文意思是"废话"，结果外国游客欣喜地发现，"废话"原来是一道美味的海鲜，其实是菜单上把 crab 错拼成了 crap。还有"软炸爪牙"或者是"软炸典当物"，结果发现是一道"软炸对虾"，原来把"对虾"的英语 prawn 错拼成了 pawn。据北京旅游局的一位官员说，很多英文路标、广告、菜单和招牌是英文语法和中文文法的奇怪组合，经常让外国游客丈二和尚摸不着头脑。有的地方把"贵宾休息室"的英文直译成 VIP Restroom。可是至少在美国，restroom 是厕所的意思。简直难以想象，尊贵的宾客坐在"厕所"里"休息"！虽然，美国人眼里的 restroom 不完全是我们普通中国人所认为的"厕所"，因为 restroom 里有大镜子、梳妆台等，可供女士们梳妆打扮，但是 toilet 仍然是其重要的功能之一。

6. 厕所

WC 是对厕所最早的表达方法，全称是 water closet(抽水马桶)，意思就是告诉别人"我要去蹲茅坑"，这种很粗俗的表达方式是英美等国一

---

① 冯庆华. 翻译 365[M]. 北京：人民教育出版社，2006.

二百年前使用的。2004 年 1 月 1 日，上海已发布公告，厕所不能再用 WC 标志，现在天安门附近的厕所标志已经改为 Toilet，北京所有五星级宾馆内的厕所也看不到 WC 的标志了，改用 Restroom。

Toilet 也是国外 20 年前的表达方式，他们后来发明了新词，叫 Washroom（洗手间），后来又叫 Bathroom（卫生间）等。在美国，"厕所"一般都叫 Restroom 或 Bathroom（男女厕均可），或分别叫作 men's room 或 ladies' room/women's room（＝powder room）。不过在飞机上，则叫 lavatory，在军队中又叫 latrine。

如何表示"要上厕所"呢？例如：

May I use your bathroom(rest room)？/Where is the bathroom?

女性还能用委婉的说法，如"Where can I freshen up?"但男性不可使用这种说法。"Where can I wash my hands?"则男女都适用。

7. 住宅广告常见缩写词的含义

下面是常见缩写词的含义：

A/C	air conditioning	空调
eve.	evening	晚上
appl.	appliances	电器设备
flrs.	floors	楼层
appt.	appointment	面谈
frig	refrigerator	冰箱
ba.	bathroom	浴室
gard.	garden	花园
bdrm.	bedroom	卧室
kit.	kitchen	厨房
cpt.	carpet	地毯
mgr.	manager	经理
dec.	decorated	装修
vu.	view	风景
dep.	deposit	定金
pd.	paid	已付
din. rm	dinning room	餐厅

st.	street	街道
ele.	elevator	电梯
pkg.	parking	停车场地
unf.	unfurnished	不配家具
xint.	excellent	完好的

第三节　数字文化传播的翻译路径分析

一、用数字来代表特定事物、概念

在英语中有用数字来代表事件的，人们有时会说："Five it."意为"拒绝回答。"这一用法是从 Fifth 一词引申而来。[①] Fifth 一词在美语中指"《美国宪法修正案》第五条"（*The Fifth Amendment*），此条规定"在刑事案中任何人不得被迫自证其罪"。

在汉语中，我们可以发现以数代人或代物的说法，如通常人们所说的"略知一二""说不出个一二三来"等话语中，便以"一二""一二三"代事物的情况或因由头绪等。描述人的词也有，如人们在骂人时说"那人是二百五""十三点"，表示此人鲁莽，没有头脑等意。但这些词的来源不详，有人解释"二百五"为古代一吊钱一半之一半，形容其无用，十三点则由"痴"字的笔画数而来。而在称谓中，兄弟之间会有"老二、老三……"称呼以示排行，也明确了所指。

汉语中有"乱七八糟"的说法，而英语中却说 at sixes and sevens。在姓名称谓中，英汉语数字运用也有相同之处，如老五与 James Ⅰ。当然，在两种文化中也有碰撞之处，如古汉语中有"二人为友，三人成众"的说法，而英语有对应说法"Two is company, but three is none."及"Two's company and three's crowd."英语习语本身也有意义碰撞产生："Three may accord, but two never can."但英文中有一种表达在汉

---

①　张安德,杨元刚.英汉词语文化对比[M].武汉:湖北教育出版社,2003.

语中却无法找到对应表达,即"Seven may be company, but nine are confusion."

此外,有一些英文数字表达的意思也是汉语数字所没有的,如 four leaf(幸运草),four letter word(下流词),Five-o(警官),four o'clock(紫茉莉),forty winks,(一会儿,片刻),fifth wheel(累赘),like sixty(飞快地,很猛地),nine days' wonder(轰动一时即被遗忘的事物),thousand year egg(松花蛋),eleventh hour(最后时刻),take ten(小憩,休息一会儿)等,不胜枚举。[①]

而上述这类数字词语多常见于口语、俚语之中,具有一定代表意义。这里还有一点值得一提,汉语数字词因是笔画文字,所以在笔画形象表达功能上是英文这一拼音文字的数字词所无法比拟的。汉语在字形与指写事物之间可以找出共同点,如汉语中有"一字眉,三字纹,八字胡,十字架"等词语,巧妙地将所写事物的线条与数字词本身的笔画图形连接了起来。

二、用数字本身表示"最"

在美国俚语中,也有 forty-leven(eleven)的用法,表示"许许多多,数不清的"。此外,forty 也可表示众多的、大数目的。汉语数字中,即使超过了九,如果不求精确统计和计算,不应用于工程、制作等实践,只是表示繁多、极多,为了述说的简便,仍不妨说"九"。

清代汪中《述学·释三九》说:"生人之措辞,凡一二之所不能尽者,则约之以三,以见其多;三之所不能尽者,则约之以九,以见其极多。"(吴慧颖,1996:95)柳宗元的《登柳州城楼寄漳汀封连四州》诗中这样写道:"岭树重遮千里目,江流曲似九回肠。"这里的"九"即是对于多的虚指。

《墨子公输》中说:"公输盘九设攻城事机变,子墨子九距之"。《庄子·逍遥游》中有"抟扶摇而上者九万里"的语句来描述大鹏恢宏的气势。对于"三",孔子曾有过"余音绕梁,三日不绝",以形容时间之长久。又如,"石人三缄其口",表示多次询问也不回答。这样的例子太多,不胜枚举。但从中可以反映出中华文明对于数的独到而深蕴的理解。[②]

---

① 张安德,杨元刚. 英汉词语文化对比[M]. 武汉:湖北教育出版社,2003..

② 滕雪峰. 数字在中外文化中内涵的差异[J]. 边疆经济与文化,2012,(10).

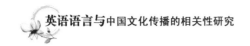

三、中国数字文化传播的翻译路径

汉语中的数字词语在其语言中的应用面较英语要广得多,这是由汉字本身作为象形表意"音素"文字的特点所决定的。当然,由于语言是文化的一部分,受着文化的影响与制约,因此归根到底是由汉民族自身的文化特点所决定的。总体来讲,由于汉民族讲求"天人合一",讲求与自然的和谐统一,因此人们更倾向于将自己置于自然之中,去体悟自然、观察自然,故而文字中的联想和感情色彩就更为丰富一些。数字在人名、地名、构字、词语句中都被广泛地运用。

(一)"三"的英译

汉语中将"小偷、扒手"有时称作"三只手",在美国俚语中也有时将贼称作 five-finger,这两种叫法中,数字词的不同是由于其"组码"的出发点不同。"三只手"为"多"之意,five finger 则有特指之意,但所指的都是同一事物——"小偷"。

"3"有时象征着幸运,所以有这样的言语"第三次真是妙不可言"。"3"有时也代表厄运,如"当了三次伴娘,却从未做过新娘""第三次沉下去了"(即淹死了)。在黑格尔的唯心主义辩证法中,提出了"正、反、合"的观点,在马克思的唯物主义辩证法中提出了"质、量、度"的哲学范畴,这其中均带有三分法的特点。在中国,"三"的位置则更为突出。与"三"联系在一起的语言与文化随处可见,难以尽数。①

在《道德经》一书中,有一句人们十分熟悉的话:"道生一,一生二,二生三,三生万物。"此句中"三"为"道、一、二"逐步演化而生,并由"三"而生万物,"三"经常被人们引申为"多,杂,万物"之意。《史记·律书》中也说:"数始于一,终于十,成于三。"还有人认为人们刚开始识数时,一、二易记,而到了三以上就分辨不清了,统称为"多"了,故而"三"就常被人们用来代指"多"或表示极限。

---

① 张安德,杨元刚. 英汉词语文化对比[M]. 武汉:湖北教育出版社,2003.

（二）"九"与"十二"的英译

"九"与"十二"也是两种文化中较为注重的文字。英汉语中，都将"九"认作数字的极致，故而在语言中也有所反映。英语中有 dressed to the nines 的表达，意为打扮得绝顶漂亮。其中 to the nines 意为"完美地；十全十美地"。在汉语中，"九"作为最大的个位数，是繁多的化身。

《内经·素问·三部九候论》中说："天地之至数，始于一，终于九焉。""九"又是极阳之数，是帝王的象征。《易经》的《乾卦·九五》中说，"九五，飞龙在天，利见大人"，表示事物已达顶峰，故皇帝一般被称为"九五之尊"。而当九表示"极"与"多"时，常有"九天""九霄云外"的表达以言天之高，"九州""九原"之说以言地之广，"九万里"表极远之距。[①]

此外，"十二"在英文中也受到了重视，在英文数字中，前十二个数字都有独立的词表示，而从十三开始的大部分数字就属于派生词了，且英语中习惯将 dozen 用作计数单位，这种用法后来还被引进入中国。英语国家 1 英尺等于 12 英寸，汉语中"十二分"一词表示程度的饱满、极限也是由英语中引入的。

但在中国文化中，"十二"另有其独特意义，在文学语言中"十二"出现的频率也不少。例如，《红楼梦》中的"金陵十二钗"，《木兰辞》中的"同行十二年，不知木兰是女郎""巫山十二峰""十二生肖""一年十二月""一天十二个时辰""人体有十二经"等。

人们在对自然和人体的研究中，发现十二既与天时相合，又与人体相应，的确是一个十分玄妙神奇的数字。

[①] 张安德，杨元刚．英汉词语文化对比[M]．武汉：湖北教育出版社，2003．

第七章　中国社交文化传播的翻译路径探索

中国自古以来就是礼仪之邦,人们在日常生活中十分注意社交礼仪的规约。随着文化全球化的发展,国家与国家之间的交往日益紧密,中国自然也不例外。在与国外人士交往的过程中,不仅需要倡导自身的社交礼仪,而且需要充分了解交往对象所在国家的社交礼仪,如此才能确保交际顺利进行下去。本章主要分析中国社交文化传播的翻译路径。

第一节　人名与地名文化传播的翻译路径分析

一、人名文化传播的翻译路径分析

(一)中国人名文化与西方人名文化的内涵分析

人名即人的姓名。姓名是人类所特有的一种人文符号。然而由于语言不同,其符号表现形式及含义也不尽相同。名和字在意义上是相关照应、互为表里的。一般文人特别是作家都喜用笔名,如鲁迅、茅盾、老舍、冰心都是笔名。取用笔名有多种原因,或不愿公开自己的身份,或是象征某种意义,或体现一种风雅等。艺名一般多用于演艺界和艺术界,如电视剧《西游记》中孙悟空的扮演者章金莱,父亲章宗义六岁登台演戏,人称"六龄童";章金莱师承于父亲,被称为"六小龄童"。又如,豫剧界后起之秀陈百玲,是著名豫剧表演艺术家常香玉的孙女,为了感谢祖母的栽培之恩,另取了一个"小香玉"的名字。上述"六龄童""六小龄童"

"小香玉",都是艺名。艺名常用来表达自己的意向、专长、师承或纪念某件对自己影响重大的事情。

中国人名种类繁多,取名的来源及寓意更是复杂。不像英文名一般取于《圣经》和古典,中国人名大多以出生时、地、事以及父母对子女的希望来取名,即名往往含有纪事、祭地、寄望等极为丰富的寓意。

古代如北宋著名政治家司马光,其父兄和他本人都是以地取名的。有些名字取自出生时间,如"孟春""秋菊"等。有的取自出生时的事件,如"解放""援朝"等。有些取自长辈对小孩的祈愿和希冀,如"荣华",即"荣华富贵","成丰",即"成就功业,丰泽社会","成龙",即"望子成龙"等。

但不管名字来历如何复杂,含义如何丰富,名总归还是名,名即"明",就是分明和区别人与人之间的符号。其寓意止于本人,并无区别他人之意。所以,翻译人名主要是翻译其表层形式的符号,无须去刻意表达所蕴含的深层意义。音译便成为人名翻译的主要方法。根据国家有关规定,汉语拼音是外文翻译中人名、地名的唯一标准形式。

这些规定适用于罗马字母书写的各种语文,如英语、法语、德语、西班牙语、世界语等。

(二)中国人名文化传播的翻译路径探索

1."名从主人"译

根据《关于改革汉语拼音方案为我国人名地名罗马字母拼写的统一规范的报告》,对于英语人名的翻译,译者必须对各国主权予以尊重,采用各国的标准罗马拼写来进行翻译,一律采用音译的方法,而不能使用意译。例如:

Snow 这一人名不能翻译为"雪",而应该翻译为"斯诺"

Talleyrand 这一人名不能翻译为"泰里兰",而应该根据法语规则,翻译为"塔列朗"

在姓名顺序上,也应该考虑中西方不同的习惯。例如:

Albert Einstein 阿尔伯特·爱因斯坦

另外,虽然中西方人名的含义丰富,但是人名作为符号,其含义逐渐丧失,因此在翻译时只需要展现表层形式,不需要对某些特殊含义进行刻意表达。例如,Sharp 夏泼,不需要翻译为"尖刻"。

这一原则被当前的译者所接受,并作为翻译中的一项重要方法。但是,这一方法的运用也存在一些问题,还有待进一步研究。

2. 姓名翻译的书写形式

中文姓名翻译的关键首先是用什么拼音文字来拼写,其次是姓与名应以怎样的顺序来排列。

中国人名、地名专有名词的英译历来比较复杂。首先是有两套专门的拼音系统存在,一套是威妥玛—贾尔斯系统(The Wade-Giles System),通常也叫威氏拼音系统。这套系统由英国人威妥玛(Thomas Francis Wade,1818—1895)于 1859 年制定。他是一位汉学家,且在中国生活多年,并担任过英国驻华全权公使。1867 年,他又根据这套系统编写了一套专为欧洲人学习汉语的京音官话课本《语言自迩集》,书中用罗马字母拼写汉语的方式,称为"威妥玛式",原作为某些外国驻华使馆人员学习汉文的注音工具,后来扩大用途,成为在英文中音译中国人名、地名和事物名称的一种主要拼法。后来,有一位名叫贾尔斯(Herbert A. Giles,1845—1935)的英国人,也是一位汉学家,翻译家,于 1892 年对威氏拼法略加修改,编写了一部汉英词典,使"威妥玛式"成为更完整和权威的汉字注音系统和方法,故称之为威妥玛—贾尔斯系统。这套方法在西方和中国被普遍接受,一直沿用至今。但这套系统并不科学,因为它的拼音组合不标准,常用方言的发音注音,如北京 Peking,广州 Canton。而且该系统将拼音中的所有浊辅音用相对应的清辅音代替,这就出现了清浊不分,引起识别上的混乱,如 Chang Tsekuo,到底是昌策阔,还是张泽国,还是常泽国,不得而知。

还有,"威妥玛式"用许多附加符号区分发音,由于附加符号经常脱落,造成大量音节混乱。①

另外一套方案就是汉语拼音方案。它是中华人民共和国国务院于 1975 年 5 月出台的关于中国人名、地名等专有名词外译的规定。规定指出从当年 9 月起中国所有人名、地名等一律采用汉语拼音外译。1977 年 8 月 7 日至 9 月 7 日联合国在雅典召开的第三届关于规范世界地名会

---

① 国家语委标准化工作委员会办公室. 国家语言文字规范和标准选编[M]. 北京:中国标准出版社,1997.

议上,中国提交用汉语拼音翻译中国地名等作为国际规范地名的提案获得大会一致通过。于是 1978 年 12 月,国务院又进一步做出决定,从 1979 年 12 月起,中国人名、地名等在外文中一律使用汉语拼音字母译出,包括在英语、法语、德语、西班牙语和世界语等外国语言。

根据上述文件,中文姓名的翻译应该统一用汉语拼音来拼写,姓名的排列顺序应该名从主人——按中国人姓名排列顺序姓前名后顺译。不要按英文的姓名,译成名在前姓在后。

但长期以来,按英文姓名顺序翻译的情况时有发生,特别在国际赛事场合,中国运动员的名字被译成先名后姓,一则违反国家规定,二则造成混乱。按国家规定,汉语姓名的翻译应该遵照如下形式拼写。

(1)单姓单名:姓和名分开拼写,姓在前,名在后,开头第一个字母都要大写。例如:

姚明 Yao Ming

刘翔 Liu Xiang

张帆 Zhang Fan

(2)单姓双名:姓和名分开拼写,姓在前,名在后,双名连写,中间不必空格或用连字符号"-",姓和名开头第一个字母都要大写。例如:

郭沫若 Guo Moruo

(3)复姓单名:姓和名分开拼写,双姓连写在前,名在后,姓和名开头第一个字母都要大写。例如:

欧阳修 Ouyang Xiu

诸葛亮 Zhuge Liang

司马光 Sima Guang

东方朔 Dongfang Shuo

欧阳松 Ouyang Song

皇甫玉 Huangfu Yu

(4)复姓双名:姓和名分开拼写,双姓连写在前,双名连写在后,姓和名开头第一个字母都要大写。例如:

长孙无忌 Zhangsun Wuji

司马相如 Sima Xiangru

东方闻樱 Dongfang Wenying

西门吹雪 Ximen Chuixue

司徒美堂 Situ Meitang

除此之外,还需注意以下几个问题。

(1)姓和名通用首字母大写规则,也可以全部大写,但不宜全部小写。例如,"王海涛"要写成 Wang Haitao 或 WANG HAITAO,但不宜写成 wang haitao。

(2)无论是复姓,还是双名,如果相连的两字可能发生连读,中间要用隔音符号"'"隔开,以避免两字连读成一个音。比如,何迪安 He Di'an。不然,就成了"何典"。同样,王熙安和王贤分别为 Wang Xi'an 和 Wang Xian。吴承恩和吴晨根 Wu Cheng'en 和 Wu Chengen。

(3)由于复姓不如单姓简洁明快,因此随着时间的推移,不少复姓陆续演变成了单姓。例如,欧阳改作欧,司马改作司,慕容改作慕等。如果这样,那就按单姓翻译。东汉时期《风俗通义·姓氏》所收录的 500 个姓氏中,复姓约占三分之一。而在北宋时期的《百家姓》中,收录姓氏 438 个,复姓十分之一都不到,只有 30 个。从历史发展进程来看,复姓减少是一种基本趋势。但进入现代社会以来,随着同名同姓现象的日趋严重,人们开始使用复姓以缓解这一问题。当然,这种所谓的复姓并非《百家姓》中的复姓,而是人们根据有关情况约定而成。比如,女子出嫁后仍保留自己的姓(娘家的姓),将丈夫的姓加在自己的姓之前,便构成双姓。中国港澳地区有的女性还保持这一习俗,如 1996 年当选为中国香港特别行政区临时立法会议员的杜叶锡恩、范徐丽秦、林贝韦嘉、周梁淑怡、曹王敏贤、梁刘柔芬。还有一种制造复姓的途径,就是父母给独生子女取名时,让孩子姓父母双姓,再加单名或双名,如李陈东、邓郭泰安等。翻译此类姓名按照复姓或单姓加名翻译。还有的孩子的姓名干脆由父母双方的姓连缀而成,如陈程、王郑等。翻译此类姓名,按前者为姓后者为名来译。

(4)译名的缩写形式:姓全写,只缩写名,一般全部用大写字母,有时姓只第一个字母大写。例如:

姚明 Yao Ming,YAO M.(Yao M.)

王治郅 Wang Zhizhi,WANG Z. Z.(Wang Z. Z.)

张益群 Zhang Yiqun,ZHANG Y. Q.(Zhang Y. Q.)

诸葛亮 Zhuge Liang,ZHUGE L.(Zhuge L.)

司马相如 Sima Xiangru,SIMA X. R.(Sima X. R.)

注:国际体育比赛中,运动员的姓名往往都以缩写的形式出现在电子屏幕上,而采用的是将缩写的名字放在全写的姓前,如 N. WANG(王

楠)、Y. N. ZHANG(张怡宁),这样拼写都是不规范的,与国家规定是不相符的。

(5)少数民族姓名翻译均按少数民族的姓名原来的习惯照样译出,或名前姓后,或有名无姓等。例如,原全国人大常委会副委员长乌兰夫是蒙古族人,就得按蒙古族姓名的习惯译成 Ulanhu。

(6)在港台地区,由于历史的原因,大多使用威妥玛拼音,有些以先姓后名排列,也有些以先名后姓排列;有的双名之间有连字符"-",有的又没有,且分开书写。例如:

孙中山 Sun Yat-sen

董建华 Tung Chee Hwa

张家冀 Chang Jia Ji

何楚良 He Chu-liang

王建民 Chien-Ming Wang

李安 Ann Lee

(7)已有固定英文姓名的中国古代名人、现当代科学家、华裔外籍科学家以及知名人士,应使用其已有的固定的英文姓名。例如:

孔子 Confucius

孟子 Mencius

李政道 T. D. Lee

杨振宁 C. N. Yang

丁肇中 S. C. C. Ting

陈省身 S. S. Chern

林家翘 C. C. Lin

吴瑞 R. J. Wu

丘成桐 S. T. Yau

李四光 J. S. Lee

(8)由于姓名具有个人属性,有些人特别是有些名人在与外国人交往中使用英文名字,其拼写形式一般先名后姓。例如:

张朝 Charles Zhang

吴士宏 Juliet Wu

3."约定俗成"译

事物的名称往往根据人们的意向来决定,并被人们逐渐遵守。后来，人们经过长期的实践，最后对事物的名称、形式等进行确定，逐渐地"约定俗成"。历史上很多名人的人名翻译一般适用这一原则。这是因为随着历史的发展，这些译名被逐渐沿袭运用并保留下来。例如：

Pearl Buck 赛珍珠

Bernard Shaw 萧伯纳

Churhill 丘吉尔

对于这些具有一定影响力和历史背景的任务的翻译，基本采用了固定的译法，这就是约定俗成用法的体现。

另外，人名的翻译应该根据国家颁布的各种语言译名表，运用统一的译音用字，避免译名出现混乱。例如：

Geoge Bush 乔治·布什

Norman Bethune 诺尔曼·白求恩

John Keats 约翰·济慈

Percy Bysshe Shelley 珀西·比希·雪莱

Holmes 福尔摩斯

Kissinger 基辛格

Pushkin 普希金

当前，这些约定俗成的翻译已经被各个译者接受与运用，对于新出现的人名，译者在翻译时也应该考虑国家的通用标准与人名规范。

4. 归化与异化结合译

尤其在翻译文学作品时，归化法往往会将中西人名中的文化差异抹杀掉，失去人名中所承载的源语文化信息，造成中西人名文化氛围不协调。例如：

Tolstoy 托尔斯泰，不需要翻译为"陶师道"

Gogol 果戈理，不需要翻译为"郭哥儿"

5. 同名同译

受历史、社会等的影响，同名不同译现象非常多。例如，对于《红与黑》的作者 Stendhal，《辞海》中将其翻译为"司汤达"；《中国大百科全书》将其翻译为"斯丹达尔"；《外国历史名人辞典》中将其翻译为"斯汤达"。对于这些译名，读者很难做出判断，因此译者在翻译时尽量同名同译。

例如：

Smith 史密斯

Robert 罗伯特

6. 简略易读易记译

当名字超过四个字时，读起来很容易不顺口，因此在人名翻译时，有时候需要省略其中的辅音，使名字更容易读和记。例如：

Macdonald 麦当娜，不应该译为"麦克多纳尔德"

Shakespeare 莎士比亚，不应该译为"莎克士比亚"

7. 避免产生不好联想译

在音译过程中，往往需要译音表进行翻译，避免歧义与误解。例如：

Jeep 吉普，不应该译为"基普"

Hook 胡克，不应该译为"虎渴"

同时，在对人名翻译时，不应该带有明显的褒贬色彩。例如：

Bumble 本伯，不应该译为"笨伯"

Arab 阿拉伯，不应该译为"阿拉伯"

8. 姓名之后带有字、号的翻译

字、号在古代运用比较广泛，一般文人志士都取字、号。出生时取名，成年后取字，立业后取字。名以正体，字以表德，号以抒情。例如，蜀相诸葛亮，字孔明，号卧龙；唐代诗仙李白，字太白，号青莲居士。此种习俗在现当代还有保留，如毛泽东，字润之；现代金石书画家邓铁，字纯铁，号粪翁。在正式介绍某人时，往往将其姓名和字、号一一说出。

翻译时，一般在姓名后，用 style oneself …，nickname …，alternative name …，literary name …，courtesy name …，pen name 等表示。[①] 例如：

（1）徐霞客（1587—1641），名宏祖，字振之，号霞逸，江阴（今属江苏）人。

Xu Xiake（1587—1641），whose given name is Hongzu and who

---

① 王述文，朱庆，郦青. 综合翻译教程[M]. 北京：国防工业出版社，2010.

styled himself as Zhenzhi and Xiayi, was a native of Jiangyin (present Jiangsu Province).

（2）孔子生而首上圩顶，故因名曰丘云。字仲尼，姓孔氏。

Because he was born with a hollow in the top of his head, he was given the personal name of Chiu, with the courtesy name Chung-ni and the surname Kung.

（杨宪益、戴乃迭 译）

（3）贾雨村姓贾名化，表字时飞，别号雨村。

His name was Chia, his courtesy name Shi-fei, and his pen-name Yu-tsun.

（杨宪益、戴乃迭 译）

上面句（1）译文名字用汉语拼音译出，字和号只用一个 styled himself 来译；而句（2）和句（3）用威妥玛拼音译出，字、号分别译成 courtesy name 和 pen-name。不过，"姓贾名化"最好还是译成"His surname was Chia and given name was Hwa."为好。

还有些现代根据某事或某人的特点取的绰号，除音译外，还需做出注释才行。不然，其中含义难以彰显。例如，范跑跑 Fan Paopao (a nick-name for Fan Meizhong, a middle school teacher, who fled alone from the classroom in class with students left in the earthquakes on May 12, 2008)。还有与范跑跑齐名的"猪坚强"可以仿人名戏谑性地（按英文名顺序）译出：Jiangiang Zhu (referring to a pig who, buried under the ruins for 36 days and nights, survived the earthquake in Wenchuan on May 12, 2008)。

二、地名文化传播的翻译路径分析

（一）中国地名文化与西方地名文化的内涵分析

1. 少数民族语言地名

国家规范和国际标准明确要求汉语地名的专名要用汉语拼音，但这并不代表所有用汉字书写的地名都要用汉语拼音。有些用汉字书写的地名涉及少数民族语言和地区，必须按照名从主人的原则，以该民族语言的发音为标准用拉丁字母转写。例如，"乌鲁木齐"是新疆维吾尔自治区区政府所在地，属于维吾尔语地名，标准英译不是汉语拼音 Wulumuqi，而是 Urumqi；"呼和浩特"是蒙古语地名，其英语名称不是汉语拼音 Huhehaote，而是 Hohhot；"拉萨"是藏语地名，其英语名称不是汉语拼音 Lasa，而是 Lhasa。

中国有 55 个少数民族，而汉语是各民族交流沟通的共同语，所以各个民族的地名都有汉语名称，但在英译时并非都要按照汉语拼音书写。其中，少数民族中人口众多的民族如维吾尔族、藏族、蒙古族等都有自己的语言和文字，英译这些民族和地名时就要以该民族的语言为标准。例如，"新疆维吾尔自治区"中，"新疆"属于汉语专名，"维吾尔"属于维吾尔语的汉字书写形式，"自治区"属于通名，所以要区别对待，分别音译和意译，标准英译为 Xinjiang Uygur Autonomous Region。

有些少数民族没有自己的文字，英译这些民族地区的汉字地名时就可以使用汉语拼音。例如，"湘西土家族苗族自治州"的英语名称就是 Tujia-Miao Autonomous Prefecture of Xiangxi。

碰到汉字书写的地名时一定要有辨别意识，要判断哪些才是汉族地名，哪些是少数民族地名。当然，最稳妥可靠的办法是查阅相关的专业书籍，如中国地名委员会编著的《中华人民共和国地名录》等权威工具书，或者询问专家，切不可自以为是，否则会闹大笑话。

2. 港澳台等地区地名

由于历史的原因和政治制度的差异，中国大陆和港澳台地区、海外华人社区在地名的使用和翻译方面存在显著差异，了解这一点对于准确翻译中国港澳台地区及海外华人社区地名至关重要。这种差异主要体现在以下几方面。

（1）中国大陆把汉语拼音作为转写大陆地区汉语地名的标准，使用简化字，而港澳台地区及海外华人社区则使用广东话和威妥玛式相混杂的拼写法，使用繁体字。例如，中国"香港"的汉语拼音为 Xianggang，而通用的英语拼写却是 Hong Kong（中国"香港"在粤语中的发音）。

（2）港澳地区和海外华人社区由于受地域方言等因素的影响，同一地名的汉语命名和英语拼写存在汉字和音节不对应现象。对于大陆熟悉汉语拼音的人来说,这一点尤其不适应。例如,香港岛最高峰"扯旗山"的英文名称是 Victoria Peak。假如按照大陆通行的翻译外来地名的原则处理,Victoria Peak 应该译成"维多利亚峰"才对;香港的"大屿山"英文名称 the Lantau Island 更令人称奇,"山"成为"岛"不说,"大屿"和 Lantau 之间有什么关系也让人百思不得其解,但是翻阅香港地图不难发现此山确实自成一个小岛,印度尼西亚华人所称呼的"万隆",其英文名称是 Bandung。

(3)港澳台地区的有些专名音译和意译交替或并存。就拿香港的三个组成部分香港岛、九龙、新界来说,Kowloon 是"九龙"的音译,New Territories 是"新界"的意译,Hong Kong Island 则是"香港岛"的音译和意译并用形式。翻译港澳台等地区的地名对于熟悉汉语拼音的人而言具有一定难度,必须多查相关的工具书,绝对不可草率行事。

(二)中国地名文化传播的翻译路径探索

1. 单个地名的翻译

单个地名主要是指一些城市名,河流、山川名等,不带行政区划所属。

(1)译音
专名构成的地名:
北京 Beijing
上海 Shanghai
天津 Tianjin
重庆 Chongqing
杭州 Hangzhou
武汉 Wuhan
荆州 Jingzhou
(2)译音加译意
专名与通名构成的地名:
长江 Changjiang River
泰山 Mount Tai
中山公园 Zhongshan Park

天安门广场 Tian'anmen Square

长安街 Chang'an Street

盆儿胡同 Penr Hutong（胡同、巷、里弄,虽属普通名词,但有中国特色,故音译为好）

（3）译意

完全由通名构成的地名:

西湖 the West Lake

东湖 the East Lake

颐和园 the Sumer Palace

紫禁城 the Forbidden City

天坛 Temple of Heaven

2. 具体地址的翻译

具体地址是指带有行政区划所属的地址,也可以说是邮件地址。中国人书写时习惯由大到小,如国—省—市—县—乡镇—村等这样的方式,而英语的方式刚好相反,由小到大。这是由于中西文化习惯和思维方式不同所致。中国人偏重整体思维,求同存异;西方人偏重个体思维,求异存同。[①] 所以,翻译这类地址一般按先小后大的顺序译出,其排列方式刚好与汉语相反。例如:

中国浙江省杭州市学院路 212 号 1 幢 108 室

Room 108, Building 1, No. 212, Xueyuan Road, Hangzhou, Zhejiang Prov. ,China.

3. 地名的拼写规则

（1）地名中的基数词一般用拼音书写。例如:

五台山 Wutai Mountain

五指山 Wuzhi Shan

九龙江 Jiulong Jiang

三门峡 Sanmen Xia

二道沟 Erdao Gou

三眼井胡同 Sanyanjing Hutong

---

① 王述文. 综合汉英翻译教程[M]. 北京:国防工业出版社,2010.

八角场东街 Bajiaochang Dongjie

三八路 Sanba Lu

五一广场 Wuyi Guangchang

李庄 Lizhuang

海南岛 Hainan Dao

东直门外大街 Dongzhimenwai Dajie

南京西路 Nanjing Xilu

（2）地名中的数字代码和街巷名称中的序数词用阿拉伯数字书写。例如：

1203 高地 1203 Gaodi

1718 峰 1718 Feng

二马路 2 Malu

经五路 Jing 5 Lu

三环路 3 Huan Lu

大川淀一巷 Dachuandian 1 Xiang

天宁寺西里一巷 Tianningsi Xili 1 Xiang

东四十二条 Dongsi 12 Tiao

第九弄 Di 9 Nong

（3）地名连写中，凡以 a、o、e 开头的非第一音节，如果音节的界限发生混淆，在 a、o、e 前用隔音符号""隔开。例如：

西安 Xi'an

建瓯市 Jian'ou City

天峨县 Tian'e County

兴安县 Xing'an County（如果省略隔音符号，就成为 Xingan County 新干县，在江西吉安地区）

第二松花江 the Di'er Songhua River（吉林）

（4）历史上有些地名拼写采用威妥玛式拼音与现在标准拼写不一致，有的已改，有的由于已约定俗成，因此有些在国际交流中，仍然保留使用。例如：

北京已由 Peking 改译为 Beijing，南京已由 Nanking 改译为 Nanjing，但北京大学和南京大学仍为 Peking University 和 Nanking University，青岛已改译为 Qingdao，但青岛啤酒却译为 Tsingtao Beer，Chungking（重庆），Chekiang（浙江），Fukien（福建），Kweichow（贵州），

Hankow(汉口)，Kwangtung(广东)，Tientsin(天津)，Tsingtao(青岛)，Dairen(大连)等还仍用于港澳台英译。

还有地名按非注音拼写译出，如蒙古(Mongolia)，西藏(Tibet)，广州(Canton，与 Guangzhou 并用)，香港(Hong Kong)，澳门(Macao)。

第二节　称谓语与委婉语文化传播的翻译路径分析

一、称谓语文化传播的翻译路径分析

(一)中国称谓语文化与西方称谓语文化的内涵分析

在交际过程中人们总会以某种方式称呼对方，即使用称谓语。称谓语具有极其重要的社会功能，起着建立、保持和加强人际关系的作用。称谓语又是文化的载体，体现着不同文化的传统规范与价值取向。中西方文化的差异决定了汉语和英语拥有各自独特的称谓体系。人际称谓是任何语言中不可缺少的组成部分。在言语交际中，人际称谓的使用很大程度上反映了人际关系、社会层次结构，以及文化心理、文化价值观等社会学和文化学所关注的问题。

我们着重从文化对比的角度考察汉英两种称谓系统的异同，并以世界上使用最为广泛的两种语言——英语和汉语中的人际称谓作为研究对象，目的是通过对两种类型人际称谓系统的研究，进一步了解作为东西文化典型代表的中、英文化之异同，并对人际称谓词这种特殊的语言表现形式与其文化内核的密切关系有所认识。

1. 汉语亲属称谓的对应性和英语亲属称谓的模糊性

每个民族都有自己的亲属称谓系统，这个系统有同有异，可以反映出不同民族对亲属关系的认知，而每个民族的传统文化也通过亲属称谓体现出来。中西方亲属称谓差异表现在以下几个方面。

第一，西方文化不太重视宗亲关系，因此倾向于使用自然亲切的称呼；中国传统文化是一种宗族文化，根据辈分来选择合适的亲属称谓语。

第二，汉语中对不同性别的亲属，分别给予不同的称谓；英语亲属称谓语无此特点。

第三，西方文化对宗亲关系的轻视在亲属称谓语方面的另一个体现，就是西方亲属称谓语没有严格的划分；中国传统文化对宗亲关系的重视在亲属称谓语方面的另一个体现，就是汉语的亲属称谓语有着复杂而详细的分类。

2. 亲属称谓的面称形式

在实际交际中，即当亲属之间面对面交谈时，并非使用标准称谓，而是使用另一套称呼系统。在这个系统中，亲属称谓、姓名、头衔和排行等都可用于对亲属的面称。需要指出的是，亲属称谓在具体使用时因地域等原因有许多变体，尤其在汉语中，这些变体主要集中在祖父母和父母的称谓上，如"祖父"有"爷爷""公公""伯翁"等。另外，在用姓名称亲属时，英、汉语中都偏向于使用名或各种昵称，表示出一种亲近。

在汉语中，亲属称谓通常用来称呼比自己辈分高或与自己同辈但比自己年长的亲属，辈分高的人对辈分低的人则可以直呼其名。这一原则在汉语面称中要绝对遵守，在中国古代，父母和祖先的名字对辈分低的亲属来说甚至是一种"讳"，在言谈中要避免提到。《红楼梦》中提到林黛玉每次念到"敏"字时便要避开或念成其他字，就是因为避讳其母贾敏的名字。在英语民族中则不然，虽然对辈分高的亲属通常也要求使用亲属称谓，但对同辈，无论年长或年幼，一律使用名字。在某些较为开放的家庭，对父母甚至祖父直呼其名也不为怪。

英汉亲属称谓在面称形式上的另一差异体现在对同辈中长幼不同者的称呼上，汉语对同辈的亲属按长幼排序，英语中则无此原则。在称呼与己身同辈人时，英语国家的人无论长幼一律用名，而在汉语中对年长者只用称谓，对年幼者用名或亲属称谓，除此之外还要使用表排行的面称修饰语。古代表排行的修饰语有"伯、仲、叔、季"，现代汉语中则多用数字来表示，如"大、二、三……"。在英语中为区别辈分相同但高于己身的亲属，可在亲属称谓后加上被称呼者的名，如 Uncle George，Uncle

Sam,而无须强调长幼排行。①

头衔在汉语中很少用来称呼亲属,尤其是直系亲属,即使在正式的社交场合,称呼亲属仍用亲属称谓或姓名。例如,儿子在父亲的单位上班,一般情况下,在单位里儿子仍用"爸爸"来称身为领导的父亲,而不用"……先生"或"……处长",除非两人平日里素来不和。而英语中使用社交头衔,尤其是用"Mr. +Surname"来称亲属的现象比较普遍。《傲慢与偏见》中班纳特先生和班纳特太太就用 Mr. 和 Mrs. 互称,这种差异表明汉语文化中的亲属和家族观念明显较西方重要。

3. 拟亲属称谓

拟亲属称谓的使用可以增进人与人之间的亲密程度,消除距离感。这种作用似乎是来自亲属称谓的特殊功能,即家庭成员间要比普通人之间的关系亲密。在英语中,儿童常用亲属称谓来称呼比自己年长的非亲戚。常用的词有 uncle,aunt,granny。这种称呼也只用于具有相当密切关系的熟人、邻居,而不可用于陌生人和关系一般的人。成年人不使用拟亲属称呼。

汉语中的拟亲属称呼使用范围则要广泛得多。常用的称谓有"爷爷、奶奶、叔叔、阿姨、伯伯、大哥"等,这些称呼语也可加上别的附加修饰语,如"老""大"作前缀,或接姓或名。这类用法的使用者也不仅限于儿童,成年人也可使用。例如:

李阿姨,新年好!

王大爷今年八十了。

大姐,这大白菜多少钱一斤?

在汉语中,更多的拟亲属称谓是用来称呼辈分高者或年纪长者,这一点与亲属称谓在亲属内部的使用情况一致。值得注意的是,英语中的 son 常被年长者(尤其是年岁较大的人)用来称呼年轻人,但这种用法似乎已失去了该词的本义,而相当于汉语的"小伙子"了,而 daughter 却不用于类似情况。在汉语中使用低辈分的亲属称谓词很少见,如果有谁被称作"儿子",他定会勃然大怒地认为"被占了便宜","孙子"更是一种用来进行羞辱的称呼。另一方面,在年纪相仿的人之间互用拟亲属称呼

---

① 张安德,杨元刚. 英汉词语文化对比[M]. 武汉:湖北教育出版社,2003.

时,似乎更倾向于称对方为"哥"或"姐"而非"弟"或"妹",或将对方抬高一个辈分来称,即使自己年纪可能较对方要长。从这一点可以看出,汉语中的拟亲属称谓除表拉近距离外,似乎也是表示尊敬的一种方式,因为年长者和辈分高者在家族中是享受较高地位且被尊敬的。

4. 汉语称谓中所体现的亲疏关系

在汉语交际环境中,称谓的选择能够对交际双方的交际方式和交际效果产生很大的影响。称谓不同也能体现出交际双方亲疏关系和尊卑关系。亲疏关系可以表现为多种类型,可以是亲情、爱情或友情,也可以表现为陌生、厌恶或敌视。

中国人关系越亲密称谓就越随便,而且对对方的称谓可以按照亲密的程度形成递减的序列,如王丽萍→丽萍→萍。但最简化的"萍"字,不是随便什么人都可以叫的,只有其恋人或家里人才可以这样叫,因为这样的称呼太亲昵了,一般的朋友不能随便叫。称呼年龄相仿的朋友时,可以不要姓,直接叫名字,如"建强""丽萍"等。中国南方人有一种习惯,即取对方名字中的一个字,再在前边加上"阿"来称呼。如对张海波,可以叫"阿波",这样叫非常简单、响亮、亲热。北方人喜欢取名字中的一个字然后加上个"子",如把秦建强叫"强子"。外国人都知道,"您"是"你"的尊称。但不是对所有的你尊敬的人都可以用"您"来称呼,"您"常常用来称呼年纪大、地位高的人。和不熟悉的人第一次见面大多用"您"来称呼,这样显得礼貌客气。但是,如果对方的地位、年龄和你差不多,甚至年龄比你小的时候,用"您"就不合适了。熟人、朋友、亲戚之间,也不用"您"。因为用"您"固然客气、礼貌,但是不够亲切,显得生分和疏远,所以比较熟悉的人之间互相称"你"而不称"您"。如果有一天,你突然对一个好朋友用"您",他会觉得非常奇怪,而且会认为你故意疏远他。

关系越亲密,称谓就越随便。相反,关系越疏远,称呼就越正式。"同志"一词就扮演了这样的称谓角色。"同志"原本指志同道合的人,在中国古代,"同志"与"先生""长者""君"等词一样,都是朋友之间的称谓。春秋左丘明《国语·晋语四》中把"同志"一词解释为:"同德则同心,同心则同志。"《后汉书·刘陶传》曰:"所与交友,必也同志。"在中国现代历史上,"同志"一词源自苏联,后成为中国共产党人内部彼此之间的称谓,意思是有共同志向的人。① 新中国成立后,"同志"也被广泛地用作陌生人之间打招呼用的称谓。在 20 世纪五六十年代,"同志"这个称谓是中国社会普遍使用的泛称。"同志"一词不标记性别,几乎男人之间、女人之间、男女之间都可以通用,是一种在正式场合比较正式的称谓,但一般不用于具有亲情、友情和爱情的亲密关系中。反之,如果具有亲密关系的两人之间以"同志"相称,那么或者是调侃或者是称呼者主观上疏远对方。

5. 汉语中的"老"和"小"作为称谓修饰语

"老"和"小"作为称谓修饰语是汉语中独有的称谓成分,在汉语中用得十分广泛。"老"后加姓可用于交际中年纪较长者(但不一定绝对年龄大),"小"则用于年纪较轻者。这种称呼既表现出尊敬,又是一种熟悉和亲切的感觉。比起"职衔+姓"这种称谓来,它更能缩短人际距离:

老杨(杨处长),今天下午有个会,你去不去?

听了今天的天气预报没有,老李?

小王,你孩子今年几岁了?

同时,"老"和"小"用在工作场合或其他较正式的场合又不至于显得不够正式,而拟亲属称谓如"杨大爷""王大姐"等在工作场合就显得不太合适。

"老"在多数西方国家都是极不受欢迎的词,当然更不会用来作称呼语了。因此,若我们将汉语"老王"硬译成 Old Wang,会使人感到莫名其妙。"老"的这种不同待遇可以从两种社会对老年人的不同态度中找到答案。传统中国社会中的年龄是声望、阅历、地位的象征,老年人受到社会的普遍尊重;西方社会中的年纪大则代表失业、无能和孤独,老年人的境遇多数凄惨。

6. 敬称和谦称

敬称和谦称也是汉语中独有的称谓现象。敬称通常用来称呼除自己和属于自己的亲属集团以外的人,在面对面交际中,多用来指交际对象或属于交际对象的亲属集团的人。谦称用来自称,或用于叙称,指自

---

① 雷淑娟.跨文化言语交际学[M].上海:学林出版社,2012.

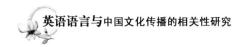

己这一集团中人。

敬称和谦称的组成形式大致有两种：一是通过添加表敬或谦的修饰语。表敬的修饰语有令、贵、尊，表谦的有敝、舍、小。下面所列的是常用的敬称和谦称：

鄙人 I

阁下 you

令尊，令兄 your father，your brother

家严，家慈 my father，my mother

舍亲，舍侄 my relatives，my nephew

令郎，令爱 your son，your daughter

犬子，小女 my son，my daughter

另一种方法是通过抬高对方的辈分年龄，或降低自己的辈分、年龄以达到"卑己尊人"的效果，也叫"降格称呼"。拟亲属称谓中多用对长辈或年长者的称呼，而少用辈分和年龄比自己低的称呼，其中"兄""大姐"等都是一种敬称。当交际双方年龄相仿时，多用"老"称呼，而不用"小"称呼，而自称则多用"小""弟"等。

这种"卑己尊人"是汉民族礼貌原则的最大特点。《礼记》开篇称："夫礼者，自卑而尊人。"这个礼貌原则不仅表现在称呼行为上，而且是指导人们一切言行的准则和规范，即对自己和与自己相关的一切事物都要表示出谦逊，而对对方的一切都要表现出尊敬和恭维。

汉语民族的这种礼貌习惯就是通过贬低自己而使交际对象感到一种心理优势，从而体现出说话人对对方的一种尊敬，这与英语民族的礼貌习惯大相径庭。英语通常用句法手段或其他非言语交际手段而非词汇手段来表示礼貌，更重要的是，英、美人对中国人卑己尊人的礼貌原则常常无法理解。在他们看来，通过损害自己的"面子"而给他人"面子"的做法是不可思议的。尤其在现代英美社会，人们认为更礼貌的做法是交际双方的相互对等而非"权势"差别。

英语中除少数职业或职务可用于称呼外，很少听到 Manager Jackson 或 Principal Morris 之类的称呼。同长辈和上级说话或写信时并不需要什么特殊的称呼，一般情况下，"你"就是 you，"我"就是 I。当然也有例外，如对于皇室、贵族或较高地位的官员要用尊称：Your/His/Her Highness（阁下，殿下）；You/His/Her Honor；Your/His Her Lordship（阁下，大人——对市长、法官等）；Your/His/Her Ladyship（夫人）；My Lord（大人——对大主教、法官等）；Your Majesty（陛下——对国王、王后）；Your Excellency（阁下）等。[①]

（二）中国称谓语文化传播的翻译路径探索

有的称谓用语在特殊的交际场合往往表达着特定的语用含义，实行不同的交际功能。对此，在翻译这些称谓时，译者首先需要确定这些称谓用语所出现的具体交际环境，进而再把握其语用的功能，最后选择得体、准确的语言表达出来。

1. 亲属称谓之"关系称谓"

庞四奶奶　　女。四十岁。丑恶，要做皇后。庞太监的四侄媳妇。（《茶馆》人物表）

译文1：Madame Pang　An ugly and repulsive woman of 40, the wife of Eunuch Pang's fourth nephew, and now aspiring to be the empress of China.

译文2：Fourth Aunt Pang　Forty years old. An ugly woman who has delusions of be coming Empress. She is the wife of Eunuch Pang's fourth nephew.

原文中的"四侄媳妇"具有鲜明的中国文化特点，标明了长幼顺序和亲族关系，但这在英文亲属称谓中并没有确切对应的称谓。两个译文都采用了解释性的译法，将其译为 the wife of Eunuch Pang's fourth nephew，保留了原文亲属称谓的民族特色。

2. 亲属称谓之"相呼称谓"

王利发：栓子的妈，他岁数大了点，你可得……

译文1：Well, old girl, he's getting on. You'd better…

译文2：Wife, he's getting a bit old, you're going to have to…

王利发称妻子王淑芬为"栓子的妈"，译文1译为 old girl，译文2译为 wife，都是根据具体语境做出的合适变通。但就台词的口语化而言，译文1比译文2更为通俗、上口，富有生活情趣，在舞台上也更有表现力。

---

① 冯庆华. 翻译 365[M]. 北京：人民教育出版社，2006.

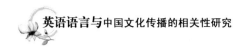
3. 社会头衔

王利发:这位大嫂,有话好好说!

康顺子:你是掌柜的? 你忘了吗? 十几年前,有个娶媳妇的太监?

译文1:

Wang Lifa:Now,now,madam! Don't get so upset! Calm down!

Kang Shunzi:Are you the manager? Do you remember,almost twenty years ago,there was a eunuch who bought a wife?

译文2:

Wang Lifa:Elder Sister,if you've got some problem,let's hear it reasonably.

Kang Shunzi:You're the proprietor? Have you forgotten? More than ten years ago,when a palace eunuch wanted to buy a wife?

译文1选择的madam是英语称谓中常用地对已婚女性的敬称,准确传达了原文承载的指示信息。译文2选择字面对应,将拟亲属称谓译作了亲属称谓Elder Sister,容易让译文读者产生误解。

王利发:哥儿们,对不起啊,茶钱先付!

明师傅:没错儿,老哥哥!

译文1:

Wang Lifa:My friends,I'm sorry to ask you,but please pay in advance.

Chef Ming:We all know that old man.

译文2:

Wang Lifa:I'm very sorry,brothers,but I have to ask you to pay in advance.

Chef Ming:There's nothing wrong with that,Elder Brother.

译文1灵活译作my friends和old man,体现了掌柜与客人之间相互尊重,带有亲切感;译文2译为英文中真实的亲属称谓Elder Brother,容易让读者对交际双方的关系产生混淆。

《茶馆》中另一个频繁出现的拟亲属称谓是"爷"。在汉语中,无论是直接称"大爷""这位爷",还是与姓氏排行连在一起使用如"松二爷""常四爷",都体现了对长辈男子的尊称。例如：

怎样啊？六爷！又打得紧吗？

译文 1：How are things，my friend？Is the fighting fierce？

译文 2：What's happening，Sixth Elder？Is the fighting serious？

王掌柜跟警察打招呼，称警察为"六爷"，译文 1 将其译为 my friend，准确表达了原文寒暄的语言功能；译文 2 译为 Sixth Elder，则显得生硬拗口，却失去了原文"爷"泛化使用时所体现的社交功能。

总体而言，两个译文对《茶馆》中拟亲属称谓的翻译处理呈现出两种不同的趋势：译文 1 倾向于放弃原文的亲属称谓形式，而选择语用功能对应的英文称谓，这种处理能帮助读者和观众准确把握称谓所体现的社会关系和权势内涵；译文 2 则倾向于采用逐字对译，这样的移植翻译虽然忠实于源语的文化特征，却忽视了译文读者的文化习惯，容易使观众产生困惑，远不如译文 1 的译法直观、易懂。

4. 正式头衔

方六：(过来)娘娘，我得到一堂景泰蓝的五供儿，东西老，地道，也便宜，坛上用顶体面，您看看吧？

庞四奶奶：请皇上看看吧！

译文 1：

Fang Liu(coming over)：Your Imperial Majesty，I managed to get hold of a set of cloisonne menses burners，five pieces in all. Antiques! The real thing! Dirt cheap too. Just fight for the altar of our secret society. Why not have a peep at them？

Mme Pang：Show them to the Emperor.

译文 2：

Sixth-bom Fang(coming over)：Your Highness，I've got hold of a set of five cloisonne sacrificial vessels. They're very old，and they're genome stuff cheap too. They'd look perfect on the altar. Why don't you have a look at them？

Fourth Aunt Pang：Ask the Emperor to look at them.

两位译者对这两个称谓的处理方法类似，都选择了英文中对应的皇室称谓(Your Highness/Your Imperial Majesty，the Emperor)。

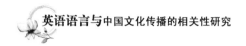

5. 职业头衔

取电灯费的:掌柜的,电灯费!

王利发:电灯费? 欠几个月的啦?

译文 1:

The Collector:Hey,manager,your electricity bill.

Wang Lifa:Electricity bill? I'm how many months behind?

译文 2:

Light bill Collector:Proprietor,your light bill.

Wang Lifa:Light bill? How many months do I owe?

该例中"掌柜的"和"取电费的"都属于描述性的职业称谓。译文 1 译成 manager 和 the collector;译文 2 则处理为 proprietor 和 light bill collector,两种译文都直观易懂,读者或观众通过上下文或语境可以准确判断出人物的职业。

二、委婉语文化传播的翻译路径分析

(一)中国委婉语文化与西方委婉语文化的内涵分析

与英美人相比,中国人使用委婉语的语用习惯是有过之而无不及的。中国民间有"说凶即凶,说祸即祸"的畏惧和迷信心理,因而禁忌提到凶祸一类的字眼,唯恐因此而招致凶祸的真正来临。不得不说的时候就会借助委婉语来表达。对于日常生活中经常涉及性、性器官、性活动、排泄器官、排泄行为、排泄物等属于禁忌范畴的词语,中国人同西方人一样觉得这类词语肮脏淫秽、难以入耳,因此极为顾忌并极尽可能加以避讳,这也是全世界各民族的共同心理。请看汉语和英语委婉语相似的实例。

1. 关于死亡的中西委婉语文化差异

(1)关于死亡的英语委婉语

①He has passed away(逝世/谢世/过世/去世/辞世).

②I was told your father was gone(逝去/走了)last night. I'm too

sorry to hear that.

③The old man is lucky to have been in heaven/gone to heaven(已进天堂/已上西天).

④She has been released from this mortal world(撒手人寰).

⑤The great American writer is asleep/silent for ever(安息).

⑥All the people were sorry to hear the news that the great scientist had departed from the world forever(与世长辞).

⑦Finally the old woman breathed her last(咽下最后一口气)even if she was quite unwilling to leave this world.

⑧He was not unhappy at all knowing that he would soon go the way of all flesh(踏上众生之路).

⑨John sighed relieved as he knew he could pay his debt to nature(回归大自然).

⑩After being ill for so long,she eventually went to better world(奔向极乐世界).

(2)关于死亡的汉语委婉语

①他父亲上周逝世/去世/过世了。

②老人昨晚走了。

③等我父母双亲百年之后,我才会离开此地。

④这个高僧早已圆寂/坐化。

⑤老先生终于驾鹤西去/寿终正寝。

⑥他可真是个好人,没想到却不幸英年早逝。

⑦我听说他家老爷子升天/上西天了。

⑧当朝皇帝已于昨日驾崩/晏驾。

⑨历史上有千千万万革命烈士慷慨就义英勇牺牲/为国捐躯。

⑩这位警官在与罪犯的斗争中以身殉国/殉职。

2. 关于生理或外观缺陷的中西委婉语文化差异

(1)关于生理或外观缺陷的英语委婉语

①mad/crazy(疯),insane(精神错乱)的委婉语是 out to lunch,not clear-headed 等。

②fleshy(胖),fat(肥),obese(过度肥胖的)的委婉语是:plump,

chubby,well-developed,full-grown 或 full-figured,a little bit heavy 等。

③thin（瘦）,skinny/bony/scraggy（皮包骨）的委婉语是 slim,slender,under developed。

④ugly（丑陋）的委婉说法是 plain-looking（外貌平平）。

⑤old（年老）的委婉说法是 elderly,advanced in age（高寿）等,而 old man/woman 的委婉语是 senior citizens（年长者）。

⑥special students 是残疾学生的委婉说法;其中盲人学生的委婉语则是 visually retarded students 等。

（2）关于生理或外观缺陷的汉语委婉语

称"疯癫"为"精神不正常/有问题";称"傻、痴"为"弱智";称"哑"为"失声";称"聋"为"耳背""失聪""重听";称"瞎"为"盲""失明";称"肥胖"为"发福""丰满""发育过度";称"瘦"为"苗条""发育不良";称"残废"为"残疾人"等。

3. 关于排泄等生理活动的中西委婉语文化差异

（1）关于排泄等生理活动的英语委婉语

私人厕所,英国英语用 lavatory,toilet 以及 loo,美国用 lavatory,toilet,bathroom。公共厕所,英国英语用 the Gents（男厕所）,the Ladies（女厕所）以及 public conveniences;美国英语中用 the washroom 和 the restroom,或者 john（不正式用法）。

粗俗俚语 piss（撒尿、小便）以及 go for a piss 用委婉语说是 go to the toilet（英国英语）,go to the bathroom（美国英语）以及 go for a gypsy,skis,对小孩则多说 pee,go for a pee;抑或用较为正式的用语 make/pass water（如 He went behind the wall and made water against a tree.）,urinate（如医生、护士会要求患者:Will/Could you urinate in this cup?）、void（如医生会问:Do you have trouble?）等;此外,number one (iob)也是指小便,如 make/do/go number one。

（2）关于排泄等生理活动的汉语委婉语

称"上厕所"为"去洗手间"（借鉴于英语）或"去方便一下""去洗个手";称"撒尿"为"小便"或"上/去一号"乃至"放水";称"怀孕"为"有喜""有了""快当妈妈了";称"来月经"为"来例假";称"避孕"为"节制生育"等。

4. 关于诅咒、咒骂的中西委婉语文化差异

（1）关于诅咒、咒骂的英语委婉语

俚语 damned（该死的、他妈的）的委婉语是 darned（如 "I'll be darned if I run after her! 如果我追她我就不是人！"），dee 等；它在书面语中常常变成"d—d"或干脆用"—"，读者一见自明。人们觉得这类字词还是眼不见为净，这样处理可以避免因采用 damned 一词而遭非议。

God 一词本是神圣的词，是对上帝的称谓，但英美人的诅咒、发誓常常需要抬出上帝来表示自己的诚意，而后又逐渐衍生出表示极大的意外或震惊的感叹用法。为了不背上亵渎上帝的罪名，他们在诅咒发誓以及表示惊异、赞叹时便用变音的办法来提及上帝。这样就有了委婉语 Gosh, Goodness（如 Oh, my gosh! 唉哟，我的天哪！ Goodness. Have you been expelled? 天哪！你已被开除了吗?）等。

（2）关于诅咒、咒骂的汉语委婉语

人在情急之下诅咒、骂人是绝大多数人一生中难以避免的事。不过，尽管这些都是肮脏的字眼或不吉利的话语听起来十分刺耳、令人恶心，这样的字眼在汉语口语中却似乎还没有什么替代用法的委婉语，只是在书面语中用到时，通常用"××"符号替代那些脏字。

应当指出，人们对诅咒、骂人的话所做出的反应并不是始终如一的。有些这样的话听得多了，也就不那么刺耳，而有的骂人话实际上经常被人们在生气、郁闷、不如意之时用作诅咒或牢骚用语，或者已经演变为那些没有教养的粗鲁之徒的口头语，如汉语的"他妈的"和英语的"Damn it!"等，只要不是刻意针对某人，一般不会引起亲友或旁人的愤怒或反感。

5. 关于令人反感、不悦的事物的中西委婉语文化差异

日常生活中一些可能会使人感到不悦甚至恶心的事物、特征、事情、行为等通常也会有相应的委婉语。例如，飞机上的"呕吐袋（vomit bag）"上往往写着 for motion discomfort（用于旅途中的身体不适）；"癌症"不说 cancer，而说 the big C, CD（cancer disease）或 unnecessary growth；"马虎、粗心"不说 sloppy and careless，而说 absent-minded（心不在焉）；"撒谎"不说 lie，而说 not tell the truth；"穷"不说 poor，而说

needy；而 night soil 却是 human excrement removed from latrines，etc. at night(夜间从粪坑中清除的粪便)的委婉语。

另外有一些事物、现象也会引起人们反感，是某些人不愿提及或承认的，这样也会有与之对应的替代性的委婉语。例如：

depression(经济萧条)的委婉说法是 recession(经济不景气倒退)

economy class(飞机的经济舱)的委婉说法是 excursion class(旅游舱)

expensive 的委婉说法是 premium-priced(物稀价高)

poor countries 的委婉说法是 less developed countries

slums(贫民窟)的委婉说法是 old，more crowded area

strike(罢工)的委婉说法是 industrial dispute(劳资纠纷)

suppression(镇压)的委婉说法是 police action(警察行动)

used car(二手汽车)的委婉说法是 pre-owned car

6. 文体委婉语

文体委婉语和禁忌没有关系，而是在人际交往中为了表示礼貌、争取合作或者恭维对方面说的溢美之辞。可以分为以下几个领域：

(1)政治、军事委婉语

政治军事领域的委婉语大多是为了粉饰现实，掩盖真相，显示了其虚伪性和功利性，被称为"化妆词"(cosmetic words)。比如，将"被击溃"说成"战术撤退"，"入驻他国的部队"变成了"维和部队""帮助重建"。

(2)关于职业、身份的中西委婉语文化差异

①关于职业、身份的英语委婉语。bus boy(餐馆侍应生的手下杂工)的委婉说法是 table service man；dishwasher(洗碗工、洗盘子的)的委婉说法是 utensil maintenance man(餐具维护员)；cobbler(补鞋匠)的委婉说法是 shoe rebuilder；foreman(工头、领班)的委婉说法是 supervisor；floor walker(商店铺面巡视员)的委婉说法是 aisle engineer(清洁工程师)；gardener(园丁、花匠)的委婉说法是 landscaper/horticulturalist(园艺师)；hairdresser(理发师/美发师)的委婉说法是 beautician；hired girl(兼干农活的农家女佣)的委婉说法是 domestics；housemaid(女仆、女佣人)的委婉说法是 housekeeper(女管家)；illiterate people(文盲)的委婉说法是 the verbally deficient(有言语缺陷者)；janitor(门房/看门人)的委婉说法是 custodian；milkman(送奶工)的委婉说法是 route salesman；pawn broker（当铺老板）的委婉说法是 proprietor of loan office；politician（政客）的委婉说法是 statesman（政治家、国务活动家）；poor people（穷人）的委婉说法是 low-income group（低收入群体）；poor students（差生）的委婉说法是 below average students；prostitute（妓女）的委婉说法是 street girl/street walker/call girl；telephone answerer（电话接线员）的委婉说法是 night hostess；undertaker（殡仪工）的委婉说法是 funeral director；washwoman（洗衣女工）的委婉说法是 clothing refresher（衣物清理员）。

②关于职业、身份的汉语委婉语。"保姆/女佣"的委婉说法是"家政工作者/家政服务员"；"清洁工、扫大街的"的委婉说法是"环卫工人/环卫工作者""警卫"的委婉说法是"保安"；"花匠、园丁"的委婉说法是"园艺工程师"；"家电修理工"的委婉说法是"家电维护工程师"；"失业者"的委婉说法是"下岗/待岗人员/富余人员"；"妓女"的委婉说法是"青楼/风月/风尘女子"；"街头招嫖妓女"的委婉说法是"站街女郎/女子"；"小偷、扒手"的委婉说法是"三只手"等。

职业委婉语目的是维护弱势群体的尊严和体面，有其积极意义。还有一类是行业内部出于禁忌而产生的委婉语，如股民总讳说"跌"，渔民忌讳说"沉""翻"等。所以，才有笑话说一个股民回到家，孩子高兴地跑过来喊"爹"，他勃然大怒，说不许喊"跌"，要喊"家长（加涨）"。其弟过来劝慰说："哥，股市涨跌很正常，何必对孩子发这么大的火呢。"他大喝一声，不许喊"哥"，要喊"兄长（凶涨）"。

7. 创造性委婉语

夫妻之间、闺蜜之间常常使用只有他们自己知道的一些委婉语。比如，一对情侣之间的通话："晚上等着我，我要随风潜入夜，润物细无声。"大学生中说"挂科"指的是"考试不及格"，由此义衍生出"单挂""双挂""多挂"等说法。一位中学老师在该生的档案中有这样一句评语"该生手脚比较灵活"。进入大学两个月后这位同学便因为多次偷东西被同学揭发。某些导游在大巴旅游途中让告诉游客如有需要解手的，就说要"唱歌"，收费厕所就是"唱卡拉 OK"，在野外方便就是"唱山歌"。

一些网络委婉语，如 RPWT：人品问题；菜鸟：原指电脑水平比较低的人，后来广泛运用于现实生活中，指在某领域不太拿手的人；恐龙：长得不漂亮的女性网民,含贬义;与之相对的是"青蛙",形容相貌抱歉的男性网民;小白:"小白痴"的缩写;没小黑:ID被登记进黑名单;蛋白质:笨蛋＋白痴＋神经质;BT:"变态"的缩写;5209484:我爱你就是白痴。

其他创造性委婉语的例子如:

(1)大师兄,听说二师兄的肉,比师父的都贵了。(猪肉价格上涨)

(2)我们产生一点小分歧:她希望我把粪土变黄金,我希望她视黄金如粪土。(夫妻为钱吵架)

(3)物价与欧洲接轨,房价与月球接轨,工资与非洲接轨。(低收入、高消费现象)

(4)睡眠是一门艺术,谁也无法阻挡我追求艺术的脚步!(睡懒觉)

(5)我没认识你之前,我真没发现原来我有以貌取人这毛病。(你长得很难看)

(6)我们村一直坚持四项基本原则:吃饭基本靠党,穿衣基本靠纺,交通基本靠走,通信基本靠吼。(穷、落后)

还有一些委婉的拒绝也充满了创意,如一位男孩向女孩求婚的对话:

A:亲爱的。你会嫁给我吗?

B:你猜。

A:会。

B:你再猜。

8. 中西委婉语表达方式的差异

(1)语言结构特点的不同

构词规律的不同决定了两种语言各自独特的委婉语表达方式,如汉语中的拆字、对联、歇后语;英语中的字母法、缩略法、谐音法等。

拆字法:把"李麻子"称为"李广林"。

对联法:汉语中有很多用对联形式将要说的话迂回隐藏在对联中,如相传顺治年间,有人曾经在贪生怕死、卖身求荣的洪承时家门口贴了一副对联:上联是:"孝悌忠信礼义廉",下联是"一二三四五六七"。洪承畴一看顿时气得暴跳如雷,口吐鲜血不省人事,不久便忧郁而死。原来这副对联上联无"耻"字,下联忘(谐音"王")了写"八",骂他是无耻的王八,是一种迂回的表达。

歇后语：七十岁老太喝稀饭——无耻（齿）下流；秋后的蚂蚱还能蹦跳几天？挖耳勺刨地——小抠；黑瞎子上房脊——熊到顶了；司机闹情绪——想不开；和尚打伞——无法（发）无天；药王庙进香——自讨苦吃……

而英语里面也有一些巧妙地表达，如 A BCDEFGHIJ KLM-NOPQRSTVWXYZ。这是一个字母表，但是字母 U 落掉了。隐含的意思是：I miss you。

还有利用某些字母和单词的谐音，来婉转、间接地表达不易启齿的话："If I can rearrange the alphabet, I will put U and I together."

英语中还常常用首字母缩略法，如 V. D. 代替 venereal disease（性病）；用 the big C 代替 cancer；B. O. 代替 body odor（狐臭）。MBA (married but available.)代表虽然已婚，但是依然四处寻欢求爱的人，而且因为英语中的脏话都是四个字母的，所以用 four-letter word 来代表脏话等。

还有的调皮调侃的儿歌里面也有用字母代替单词的委婉表达，如 Jack and Judy sitting in a tree, K-I-S-S-I-N-G.

（2）等级观念的不同

中国人长期以来受儒家思想的影响，讲究"上下有级，尊卑有序"。同样是死亡，《礼记·曲礼下》里说，"天子死曰崩，诸侯死曰薨，大夫死曰卒，士曰不禄，庶人曰死。"对于"疾病"的婉称也有阶级性，《何注》云："天子有疾称不像，诸侯称负兹，大夫称犬马，士称负新。"

但是英语中掩饰种族歧视的委婉语很多，如用 colored people（有色人种）。African-Americans（非裔美国人）来代替 Negro，black people；用 minorities（少数民族）来代替南美以及亚洲、非洲的移民等，就是淡化种族区别或者消解种族歧视的一种婉称。

（二）中国委婉语文化传播的翻译路径探索

1. 对等译法

有的委婉语在英汉两种语言中能够找到非常相似的表达，可做对等翻译。例如：

长眠 to go to sleep

没了,不在了 to be no more

合眼、闭眼 to close one's eyes

逝世 to expire

献身 to lay down one's life

寿终 to end one's day

归西 to go to west

了结尘缘 to pay the debt of nature

2. 借代法

比如,性行为,在《素问·上古天真论》中以"入房"来代替,"醉以入房,以欲竭其精,以耗散其真。"丹溪在《阳有余阴不足论》中,将之用"帷幕"来替代:"有值一月之虚,亦宜暂远帷幕,各自珍重,保全天和,期无负敬身之教。幸甚。"

再如,"打开钱包一看,各族人民都还在,伟大领袖不见了。"人民币上的大钞是伟大领袖的头像,而小额角币则是各族人民的头像,所以这里用"伟大领袖"代指"大额钞票",用"各族人民"代指"零钱",委婉地表达没钱了。无独有偶,英语中也用 dead presidents 来代指钱,因为美元上印着的都是已故总统的像。

3. 套译法

有的委婉语在英汉两种语言中差异较大。套译目的语中的委婉语或者直接将意思译出则更简便、易于理解。例如:

她已有七个月的喜了。

She's seven months gone.

身子重了/有喜了 to wear the apron high

子不方便/有孕在身 to be in a delicate condition

可不可以用一下洗手间?

May I use the toilet?

我去办点私事。

I'm going to my private office.

我去去就来。

May I please leave the room?

失陪一下。

May I please be excused.

第三节　禁忌语文化传播的翻译路径分析

一、中国禁忌语文化与西方禁忌语文化的内涵分析

（一）中西禁忌语特征比较

1. 民族性

每一个民族都有自身特有的文化，这是区别于其他民族的重要标志。语言是文化的表现形式，具有民族性特征，对此禁忌语也就有了民族性特征。中西方国家身处于不同的文化圈，在历史长河的发展过程中人们形成了不同的价值观念和风俗习惯，这使得中西方的禁忌语在某些方面存在差异，而这也就是禁忌语的民族性特征。

在中国，当有人身体不舒服时，为了表示关心，人们常会说一些关怀和礼貌的话，如"你应该去医院""你应该去看病"。

在西方国家，当发生类似的情况时，如果对美国朋友说"You should see the doctor!"（你应该去医院看看！）他们就会不高兴，因为在他们看来这是私人的事情，没有必要让他人来指教。

可以看出，禁忌语的民族性特征十分明显，与不同民族的文化背景密切相关。

2. 普遍性

每一种事物都有其区别于其他事物的独特性标志，但世界上的很多事物又具有一些普遍性的特征，语言文化也是如此。中西语言分属于不同的语系和民族，其区别显而易见，但共性也是可见的。例如，中西民族

都忌讳死亡,对此中国人常会用"逝世""去世""驾鹤西去"等词语来代替;而西方人常会用 go the way of all flesh,be at rest 等来取代 die。

(二)中西不同禁忌语比较

1. 人名避讳

人名避讳在中国古代属于一种禁忌语,当然在现代这种现象已经不复存在了。中国古代社会属于封建社会,封建等级森严,皇帝拥有至高无上的权力,为了维持皇帝的权威,在民间或者百姓中,如果有的人名中出现了与皇帝名讳一样的字,那就需要改名换姓。出现这种现象,主要是为了维护臣民对君王的敬畏之情,以及晚辈对长辈、普通人对圣人的敬畏之情。在西方社会中,人名避讳基本不存在这种现象。西方人通常为了纪念某位长辈,往往会使用长辈的名字来命名孩子,有的是为了传达父母的骄傲,有的是为了纪念家族中的某一位成员,或者是为了表达一种爱戴或敬仰之情。

2. 隐私

在中西方民族文化中,虽然人们在见面时往往会通过一定的语言来表达彼此之间的礼貌,不过由于中西方民族的习俗不同,因而打招呼的方式也是不同的。如果交际双方对彼此的传统文化了解甚少,那么就可能在交际过程中引发误会。

在中国,人们会通过一些相对简单的问题来展开交际,如"你家先生是做什么工作的?""你身上的衣服是多少钱买的?""你结婚了吗?"等,这些问题对于中国人而言是非常普通的,可以拉近彼此之间的距离,有助于交际关系的确立。人们还会通过这样一些问题来表达关心之情,如"你去哪里了?""你干什么去?"等。然而,如果你的交际对象是西方人,那么这些问题就尽量不要出现在交际过程中,因为对于西方人而言,这些问题干涉了他的隐私,在一定程度上侵犯了他的个人自由。对于西方人而言,隐私是一个很严谨的问题,一般不能过问他人的年龄、婚姻、收入等情况。如果中国人在交际过程中对这些方面不了解,那么就会对交际过程产生影响,甚至有可能中断交际。

二、中国禁忌语文化的传播路径探索

根据禁忌语的类别、特点和应用范围,在翻译禁忌语时可以采用委婉翻译法、模糊翻译法和借代翻译法。

(一)委婉策略

为了使目的语既包含了源语的含义,又能被受话者接受,就可以采用委婉翻译法。要想有效地实施委婉翻译法,必须了解翻译中的夸张性原则、中性原则、缩小性原则、区域性原则和语域性原则。例如:

(1)将"卖肉的"(butcher)译成 meat technologist(肉类技术专家)就是遵循了夸张性原则。

(2)将"美国的非洲黑人"译为 a fro-American 就遵循了中性原则。

(3)将"笨"译为 can do better work with help(有别人帮助可以学得更好)遵循了缩小性原则等。

(二)模糊策略

禁忌语属于精确性词语。模糊翻译法就是用模糊词语婉指精确的词语。例如,在翻译"大便""小便"时译为 to spend a penny,to do one's needs 等,就体现出对"大便""小便"的模糊翻译。再如:

将"体格魁梧"模糊翻译为 heavy set

将"生理有缺陷的"模糊翻译为 physically handicapped

将"上厕所"模糊翻译为 to do one's needs/to do one's business

将"身体发福"模糊翻译为 on the heavy side

将"圆脸的"模糊翻译为 chubby

将"解雇"模糊翻译为 give one his walking papers

(三)借代策略

借代翻译法是用目的语的一个大概念的词表示源语的一个精确的词,或普通名词和专有名词互相代替,或以整体代替局部。例如:

将"乳房"译为 breast 是用整体代替局部

将"屁股"译为 behind/bottom 是用普通名词代替专有名词

再如,将"私生子"翻译成 love-child(可爱的孩子),"黄色书"翻译成 adult books(成年人看的书)都属于借代翻译法的应用。

综上所述,在具体的翻译实践中,译者遇到的障碍在于原文中出现了不被目的语文化所接受的元素,即文化禁忌。对此,译者需要采用恰当的翻译策略,将原文中所含有的、对于目的语文化而言属于禁忌的内容巧妙地翻译出来,从而确保所翻译出的译文符合目的语文化的社会意识形态,为广大读者所接受。值得提及的一点是,世界上的任何一种文化都处于一种动态发展的过程中,主体文化下的读者对译文的期待也具有动态性,随着时代、社会的发展,多种文化不断交汇与融合,文化之间的差异必将越来越小,从而在一定程度上减少译者在禁忌文化翻译中所可能遇到的障碍。

第八章　中国传统经典文化传播的
　　　　　翻译路径探索

中国传统文化中比较经典的方面有中医、戏曲、诗词。中医文化源远流长,在中国古代以及现代社会中都发挥着重要作用,戏曲文化是中华民族文化宝库中的精粹,而唐诗宋词的地位也是十分重要的。中国传统文化的传播,应该让国外友人充分了解与认识中国的这三种典型传统文化,从而深入了解我们的国家文化。本章重点探讨中医、戏曲、诗词文化传播的翻译路径。

第一节　传统中医文化传播的翻译路径分析

一、中医文化与中国传统文化

中医文化是中国人对生命、健康和疾病所特有的智慧成果和实践的概括,包括认知思维模式、对生与死的价值观、健康理念、医患关系、诊疗方式、生活方式、药物处方和运行体制等知识体系和医疗服务体系。中华民族几千年的历史孕育了千年的文明和灿烂的中国文化。中医学是中华民族智慧的结晶,植根于中国的文化土壤,深受我国传统文化的影响。因此,中医学包含和体现了传统文化,中国传统文化指导了中医学,二者虽属不同的两个体系,却血肉相连,不可分割。

二、传统中医文化翻译的原则

中国近代翻译家严复先生曾经提出过著名的"信、达、雅"翻译三原则，无论是何种类型的翻译都必须坚持这三条要点，这样才能准确无误地转述原作者所要表达的内容。中医因为其自身所具备的复杂性、专业性以及高度的严谨性，自然对译文有着相当高的要求。英国语言学家纽马克（Newmark）曾经指出：翻译的文本包含三种基本的功能形式，分别为"表达型文本""信息型文本"以及"呼唤型文本"。要想让东西方医疗科学在文化之间做到无障碍沟通，我们必须在翻译过程中注意以下两点。

（一）措辞的专业性

无论是英译汉还是汉译英，医学的受众永远都是从事医疗工作的医护人员。使用专业性强的词汇可以让医护工作者们在工作中如鱼得水，但如果在翻译过程中的术语使用不当，便会使文献的阅读者在理解上发生差错，这样也将会导致医疗事故的风险大大增加。同理，我们在翻译进口的医疗材料时，也应注意其中的术语对应汉语中的医学内容。例如下面这句：

Each individual should appropriate medical treatment and being respected.

句中的 medical treatment 字面意思是指"药物治疗"，但实际上根据欧美国家医学界的表达习惯，这里应该特指内科治疗，故原句应译为"每一个人应该受到尊重和适切的治疗"。又比如，我们最常见的动词 arrest，其含义为"逮捕，被抓住"，但在这个句子中：

After all, they had tried their best to arrest of the bleeding for the pregnant lady.

不难看出，arrest 的意思很明显有"阻止，遏制"之意，因此本句的译文应为"毕竟他们已经尽其所能来为那位孕妇止血了"。

（二）措辞的准确性

众所周知，不少医科院校的学生在制作毕业论文的时候可能会遇到需要将论文翻译成英文版本的要求,同时全国各大院校均在毕业生的毕业论文上加大的检查力度。这也使得大量非英语专业的医学专业生在同时面对论文写作与翻译的双重压力下叫苦不迭。事实上,医学论文的翻译,无非注意两点即可。

一是译文必须使用正式文体来精准翻译。医学论文所观察和总结的医学实验以及所分析和论证的医学问题都需要上升到科学的理论高度,也就是说医学论文的学术性是其语体正式的根本原因。最能体现语体正式的是论文标题。标题需扼要确切,简明正式地展示论文的主要内容。

二是翻译所选的字词必须精准无误。众所周知,医学是强调精确性的科学,如在文献材料中出现稍微一点和原文有出入的内容,将会在实践中导致严重的后果。

三、中医文化传播的翻译策略探究

(一)内外有别,关注受众

根据具体翻译目的灵活多变的处理,关注受众的感受,最终依据取决于对外传播的实际效果。例如,"更衣丸"为中医用于治疗肠解便秘之证的常用方剂,"更衣"一词源于"古人如厕必更衣",故此方有泻火通便,安神宁心之功效,如译者直译其意为 Change Clothes Pill,外国受众将无法有效理解此方剂功效,因而仍需一定的认知补充,突出特殊功效便于国外受众理解,因此可译为 Change Clothes Pill for Promoting Bowel Movement。

(二)含而不露,淡化处理

中医术语中就存在许多四字句和对偶句,译者在翻译时应力求简洁恰当,信息准确,减少重复词语,避免陈词滥调。以某感冒药品说明书翻译为例进行说明。

该药品具有祛风散寒,清热解毒,宣肺平喘等多种功效。

原译文:It has the functions of dispelling wind and dissipating cold, clearing pestilence and removing toxin, diffusing lungs and discharging heat

仅作为中文药品翻译介绍,本文描写自然是无可厚非的。但是面对尚未了解中医的国外受众而言,如果按照对内的思路的翻译原文,不仅会使受众理解上有一定的困难,而且似乎略有浮夸功效之嫌。对于该产品的翻译,译者应突显医学信息,将其淡化处理,强调产品的功效。改译为:"It can be given to relieve flu."

第二节　传统戏曲文化传播的翻译路径分析

一、中国传统戏曲文化的近现代传承

中国戏曲音乐历史悠久,积淀深厚。经历了 800 余年的漫长岁月,如今戏曲音乐已经迈入了当代社会。自改革开放以来,中国的政治、经济以及文化生活正在而且已经发生了全面且深刻的变革。在当今社会,戏曲音乐所赖以生存的文化生态发生了极大改变,这也为这门古老的艺术形式注入了新的生命。然而,因为受到外来文化以及新兴艺术形式的冲击,戏曲音乐在快速发展的当今社会显得格格不入,步履维艰,可谓是进退维谷;但在另一方面,戏曲音乐也随着这一次变革而走过了一个具有里程碑意义的转折点,出现了影响至今的戏曲音乐高潮。

回顾中华人民共和国成立以来的戏曲音乐发展过程,其大体可分为以下几个阶段。

第一个阶段是从中华人民共和国成立至"文革"开始前,这个阶段包含了戏曲音乐在 19 世纪产生具有划时代意义的变革的时期,也是其实现了大繁荣的时期。这个时期,是中国戏曲中兴的一个纪元,以 1964 年京剧现代汇演上的一出《革命自有后来人》(即《红灯记》)为首的一批革命现代京戏更开了戏曲的一代新风。凡是从那个年代走过来的人,谁也不会忘记《沙家浜》《智取威虎山》《龙江颂》《杜鹃山》等剧的唱腔是怎样取得了家喻户晓的效果。不管它们的内容是否"左"(这不是本书要探讨的问题),当时强调的形式为内容服务之创作原则,却大大有利于消除戏曲音乐程序化现象中的消极因素。事实上,形式为内容服务,也是强调了艺术的社会性,强调了"乐以载道",只是"道"的内容大不同前了。从强调艺术的社会性角度,形式也需要大变,需要更新那些无法装载新意向的程序,需要浓缩与时代精神相符的审美经验,以创出新程序。我国政府也成立了一批指导戏曲改革的机构,之后"双百方针"的提出更是成为戏曲音乐改革的指导思想。在此阶段,一大批后来大有造诣的作曲家开始进入改革的舞台。

第二个阶段就是十年浩劫时期,这一时期的戏曲音乐发展无疑是畸形的,由于传统戏被全国禁演,现代戏一家独大,一时间百花凋零。

第三个阶段即 1979 年结束至今,在这一阶段,戏曲艺术开始了复兴和新的发展。被禁演的传统戏被重新搬上舞台,戏曲舞台这时才真正出现了"百花齐放"的繁荣局面。也是在这一阶段,戏曲音乐遗产开始受到国家的大力重视。同时,各剧团也开始摸索创作更符合当下时代的作品,如沪剧《明月照母心》、吕剧《金嫂》等,如何来抓住青年观众开始成为创作的一大重点。在第三个阶段中,戏曲音乐本身的一些毛病也开始暴露出来,如它的封闭性与今天的现实生活格格不入,难以被今天年轻一代所接纳,这是回避不了的现实。我们要承认它确实落后于当代听众的要求,具有明显的滞后性。

其一,它的程序陈旧、僵化。程序是戏曲艺术在特定的文化背景和历史条件下形成与固定下来的模式规范,这些程序长期沿用,从而在人们的观念中视为戏曲艺术固有内容,如自报家门、定场诗、踱方步、耍帽翅、甩水袖等,反映的是历史生活风貌,与当今具有相当的历史距离。

其二,缺乏个性,戏曲音乐以唱腔为主,而唱腔创作是依固定曲牌、曲调(板式)而填词,往往削足适履,尽管各地戏曲剧种都积累了相当数量的曲牌和派生衍化出不同的板式唱腔,但终究是有限的。音乐语言的单一性难以充分表现现实生活的丰富多彩,给人以千部一腔之感。

其三,传统戏曲音乐节奏缓慢、冗长、拖沓,往往一句唱腔曲调反复多次,甚至一个字的拖腔长达数分钟。一段唱腔能容纳的内容十分有限,而占用时间极长,和今天的生活节奏不合拍。

其四,参与性差戏曲音乐本来是从下层民众中发展起来的一种自娱自乐的群众性音乐,但在长期发展中,由于追求典雅,沾染上了某种脱离民众的"贵族气息",尤以"京""昆"为甚。"曲高""曲难""曲长"都是"和寡"的原因。以上种种,从根源上讲,都是戏曲音乐的某种封闭引起的。

可见,戏曲音乐今天的遭遇,在很大程度上,根源于它的封闭性和时代的滞后性、不适应性。如今,这样的传承方式也几近灭绝,主要靠简谱来进行戏曲音乐的传播,导致一批优秀剧作面临失传,这也不得不说是戏曲封闭性的一大弊端。

首先,从戏曲形成看,宋金时期形成的戏曲,广泛吸收了前代留下来的各种艺术和技艺。它以"合歌舞演故事",把各种艺术手段融进戏曲中,集诗词、音乐、舞蹈、杂诗、绘画、雕塑为一炉,而且还直接继承了在中国历史上绵延上千年的歌舞戏、滑稽戏、参军戏在内的戏剧表演的优秀传统。唱、念、做、打、手、眼、身、法、步互相配合,巧妙运用。可以说,是中国文化的一次汇总和交融,是多元艺术相互契合而产生的新艺术。

它不但吸收融汇本民族的各类艺术形式,而且积极地吸收了西域、印度、阿拉伯艺术精华,消化、熔铸于戏曲艺术之中。作为戏曲艺术的重要组成部分——戏曲音乐,则广泛吸收了民歌、曲子、说唱、歌舞音乐等。当它们被吸收到某个剧种音乐中时,按照戏剧表演的需要,对原有的曲调结构进行了加工、改造和发展。例如,民歌是戏曲音乐的重要基础,一首简单民歌,经加工发展,演化派生出众多的曲调(板式),从而也形成了戏曲音乐"基本曲调变化发展"的创作手法。再如,戏曲音乐的结构形式,无论是曲牌联套,还是板式组成,全都继承吸收了大曲、唱赚、诸宫调等结构形式和手法。

为了进一步发挥戏剧音乐的特长,加工发展出了具有民族特点和美学原则结构的"起、展(平)、落"及"散、慢、中、快、(散)"的曲式结构和节奏模式。同时,也不排斥外来音乐的吸收、融汇。昆的曲牌(曲调),既继承了以南戏音乐为代表的南曲,又吸收了以杂剧音乐为代表的北曲。并广泛吸收了古今、中外、雅俗、淫曲各个门类,"回回曲""忽都白""蛮牌儿"等曲牌都是吸收外族音乐融合而成的。这都说明,戏曲音乐并非一开始就是封闭的体系,它是多种音乐形式相互开放融汇的产物,没有这种融汇,就没有戏曲音乐。

其次,从戏曲音乐的发展看,一部戏曲音乐史,就是各剧种、声腔的演变史、竞争史、交融史。每个剧种都要吸收所能吸收的音乐营养,变革自己的面貌。在戏曲音乐史上,明代魏良辅对昆腔的改革,"转喉押韵,度为新声",使昆腔压倒众腔,成为封建时代最高的歌舞剧;清代魏长生对案腔"能随事自出新意",使秦腔在北京的剧坛上一时"观者如堵,六大班竟几无人过问"。20世纪30年代,常香玉对豫剧唱腔的改革,把豫东、豫西调融为一体;京剧更是南、北音乐大融合的产物,谭鑫培、王瑶卿、梅兰芳无一不是在对其他剧种、其他门派,包括音乐唱腔的吸收、融汇中对京剧音乐的改革、发展做出杰出贡献的。

可见,历史又从另一面显示了戏曲音乐的开放性,和在开放中兼容并包的传统。所以,它才能在漫长的封建社会经济结构所造成的封闭环境中打开缺口,在有限的"对外开放"中艰难地发展起来,并以其辉煌的成就确立了自身在中国传统音乐中无可争议的地位。

二、中国传统戏曲文化的翻译路径探索

中国戏曲文本和一般文学作品有所区别,特别体现在戏曲行当和人物名字等专有名词上。戏曲的行当蕴含着丰富的中华传统文化。在中国传统戏曲英译中,我们需要保留体现中国优秀文化的部分,摒弃造成文化失真和误解的翻译方式。根据功能翻译理论,要实现戏曲的翻译功能和文化传播和交流的最终目的,应当遵循文化传真的原则。

具体到翻译实践中,遇到关于行当体制和角色名称的翻译,有学者认为应当实行音译和注释相结合的办法,以期保留戏曲文化的真实面貌。例如,可以将戏曲中的"生"译成 Sheng—the general term for male roles,"旦"译成 Dan—the general term for female roles。[1]

随着时代的发展,跨文化交流的日益加深,我国传统戏曲的行当被翻译和传播的海外,由最初的不被理解和接受形成固定的英语词汇。它们是中国传统经典戏曲的符号,能够代表华夏戏曲文化的鲜明民族特点。

中国传统戏曲中人物角色的名字也蕴含着修辞喻义和中国传统文化。英译时应当按照文化传真原则,最大限度地翻译出名字的文化内涵,还要考虑译入语文化的接受程度,以实现戏曲翻译的功能和目的。基于此,许多语言学者认为,戏曲主要人物的名称,应当采用汉语拼音的音译策略。

许渊冲的著名英译本《西厢记》中,就采用了英译策略,将主人公崔莺莺译成 Yingying,将张生译成 Master Zhang。对于戏曲中次要角色的名称,可以考虑尽可能保留文化内涵的意译方式,如许渊冲将《西厢记》中的红娘就译成了 Rose。

---

[1] 于建刚. 戏曲翻译与戏曲海外传播的关联性思考[J]. 中国文艺家,2021(08).

第三节　传统诗词文化传播的翻译路径分析

一、传统诗词文化

(一)诗词文体

诗词是世界上最古老、最原始的文学形式之一,它在千百年前就被人们用于情绪表达,心灵描绘。句子的简约与表意的便捷使得诗词成为人类表情达意最早选择的文学样式。

诗人以情为本,以辞为表,或是将自己的人生浓缩于寥寥数词,或是将思维的激荡充斥于文字之间,或是失志功名,寄情文字,或是壮思即发,放歌天地,或是情感喷薄,或是工于言辞……西方有歌颂暴力美学与英雄主义的诗词《伊利亚特》,而我国有诗词之滥觞,采撷俗世人情、历史事迹的第一部诗词总集《诗经》,皆年深日久,风雅犹存。

《诗品序》中有载:"气之动物,物之感人,故摇荡性情,行诸舞咏。照烛三才,晖丽万有,灵祇待之以致飨,幽微藉之以昭告,动天地,感鬼神,莫近于诗。"由此可见,诗词源起于上古时期的社会生活,人们因宗教、劳作、情恋等原因载情于文,从而产生了一种有韵律、富有感情色彩的语言形式。《礼记·乐记》:"诗,言其志也;歌,咏其声也;舞,动其容也。三者本于心,然后乐器从之。"早期,诗、歌与乐、舞是合为一体的。诗即歌词,在实际表演中总是配合音乐、舞蹈来展示,后来诗、歌、乐、舞各自发展,独立成体,不合乐的称为诗,合乐的称为歌,后世将两者统称为诗词。

中国的诗词文化历史悠久。《沧浪诗话》中有载:"《风》《雅》《颂》既亡,一变而为《离骚》,再变而为西汉五言,三变而为歌行杂体,四变而为沈、宋律诗。五言起于李陵、苏武(或云枚乘),七言起于汉武《柏梁》,四言起于汉楚王傅韦孟,六言起于汉司农谷永,三言起于晋夏侯湛,九言起于高贵乡公丁由此可见中国诗词大致的起承之变。其经历《诗经》《楚辞》、汉赋、汉乐府诗、建安诗词、魏晋南北朝民歌、唐诗、宋词、元曲、明清诗词、现代诗的发展历程,几经变革,接受了时间的润色,记录了千年文化的缩影,是我国文化传承和历史溯源的珍宝。

(二)诗词基本特征

诗词的创作,一般要求作者在生活中激发起丰富、强烈的感情,鲜明地表现出他们的独特个性和情感色彩,使诗词形式的外在节奏与情感的内在节奏相一致,同时语言须刻苦锤炼和精心推敲。

诗词具以下几个基本特点:强烈的抒情性,集中、精练、概括地反映社会生活,充满作者浓烈的情感和丰富的想象;和谐的音乐美,节奏鲜明、音调铿锵,讲究押韵,一般分行排列;语言凝练、形象、含蓄,运用灵活;常采用赋、比、兴等手法。

诗词从性质上分为抒情诗、叙事诗、哲理诗;从形式上分为格律诗、自由诗、歌谣等;从押韵上分为韵诗和无韵诗;按照作品语言的音韵格律和结构形式又可分为格律诗、自由诗和散文诗。

诗词按年代主要划分为古代诗词和现代诗词。古代诗词按不同的标准有不同的分类。主要按照内容或声律要求区分,按内容,可分为抒情诗、叙事诗、送别诗、边塞诗、山水田园诗等;按声律要求分为古体诗和近体诗。古体诗是唐代以前写诗不讲究平仄、对仗,句式句数自由的这类诗,如《诗经》中的诗。唐代以后的诗平仄工整、讲究韵律则为近体诗。此外,宋词在高中课本中也被划入了诗词的范畴。现代诗词常按作品内容的表达方式分为叙事诗和抒情诗。叙事诗有比较完整的故事情节和人物形象,通常以诗人满怀激情的歌唱方式来表现。抒情诗主要通过抒发诗人的思想感情来反映社会生活,不要求描述完整的故事情节和人物形象。

二、传统诗词文化传播的具体翻译路径分析

诗词是一种运用高度精练、有韵律且富有意象化的语言来抒发情感的文学样式,是具有一定外在形式的语言艺术。诗词用优美的形式表达思想、传递情感,可以咏志,可以言情,可以表意。诗词翻译是沟通世界文学艺术的一个重要渠道,也是促进诗词发展的重要方式。

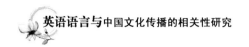

(一)形式翻译

众所周知,古代诗词所表达的形象往往与作者思想是紧密相关的,诗人喜欢利用一些恰当的表现方法来表达自己的思想和情感。对于这类诗词的翻译,通常合理的做法是采用形式翻译,确保所翻译的译文在形式上与原文具有一致性,从而准确传达原文的形式美,体现原文的韵味。

在诗词中,诗词的形象、内容密切相关。诗人如果想要全方位传达自己的思想,就需要利用具体的物象来传达。进一步而言,形式翻译的过程中需要注重两个方面。[①]

第一,对诗词的形式进行保留,译者需要注重准确传达诗词所含有的文化特性以及内涵,这是首要的,进而保留诗词的形式,从而实现诗词翻译的形式与韵味的双重体现。

第二,保留诗词原文分行的艺术形式。不同的诗词使用的分行格式是不同的,格式在一定程度上也体现着诗词的意蕴,是作者不同思想意图的传达,因而译者在翻译过程中需要充分考虑诗词分行中所产的美学意蕴,给予最大程度地保留。

(二)解释性翻译

解释性翻译强调在保留原诗形式美的基础上,要传递原诗的意境美和音韵美。

在音韵美方面,要求译作忠实地传递原作的音韵、节奏以及格律等所体现的美感,确保译文富有节奏感,且押韵、动听。在意境美方面,要求译诗与原诗一样可以打动读者。

在进行解释性翻译时,译者要注意语言与文化方面的问题,译者要尽量创作与原文在形式、音韵、意境上相对等的作品。

---

① 张欢.浅析文化语境对诗歌英译的影响[J].今古文创,2021(18):123-124.

参考文献

[1]包惠南,包昂.中国文化与汉英翻译[M].北京:外文出版社,2004.

[2]陈峰.中国文化与翻译 第1辑[M].沈阳:辽宁大学出版社,2008.

[3]戴雷.记者会语境下中国文化特色用语翻译策略研究[M].南京:南京大学出版社,2016.

[4]丁建新,齐环玉,刘悦怡.中国文化经典 文本与翻译[M].广州:中山大学出版社,2013.

[5]杜学鑫,孙志民.跨文化视域下中国旅游文化对外翻译研究[M].北京:中国纺织出版社,2017.

[6]高婷.文化翻译观视阈下的"中国英语"研究 以传媒英语词法和句法为例[M].南京:南京农业大学出版社,2011.

[7]姜妮;顾艳艳.高等教育"十三五"规划教材 中国文化与翻译[M].徐州:中国矿业大学出版社,2017.

[8]赖小敏,张陈元,张瑜娜.中国文化与四六级翻译实践[M].长春:吉林大学出版社,2017.

[9]李红梅.基于文化翻译理论的中国菜名英译研究[M].徐州:中国矿业大学出版社,2009.

[10]李晶.当代中国翻译考察 1966—1976 "后现代"文化研究视域下的历史反思[M].天津:南开大学出版社,2008.

[11]李美.西方文化背景下中国古典文学翻译研究[M].上海:世界图书上海出版公司,2014.

[12]李伟荣.翻译、传播与域外影响 中国典籍翻译与国家文化软实力关系研究[M].上海:上海交通大学出版社,2015.

[13]李欣.当代西方文化学派翻译理论在中国的传播与接受 1990—2010[M].天津:天津社会科学院出版社,2014.

[14]李燕.中国特色语言文化视角下的翻译研究[M].哈尔滨:黑龙

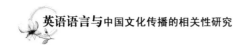

江人民出版社,2018.

[15]李照国.译海心悟:中国古典文化翻译别论[M].上海:上海中医药大学出版社,2007.

[16]梁艳君.社会文化思潮与中国翻译史学研究[M].北京:中国民主法制出版社,2014.

[17]凌来芳,张婷婷.中国戏曲跨文化传播及外宣翻译研究[M].杭州:浙江工商大学出版社,2019.

[18]刘静.中国文化"走出去"战略背景下的翻译理论与应用研究[M].北京:光明日报出版社,2016.

[19]刘坤,王雪燕,任毓敏.中华文明的输出 外宣翻译中的中国文化与中国形象[M].长春:吉林文史出版社,2017.

[20]刘磊.中国传统文化与艺术翻译研究[M].长春:东北师范大学出版社,2020.

[21]陆莉莉.中国文化的翻译研究[M].天津:天津科学技术出版社,2017.

[22]吕和发,周剑波.中国文化软实力与应用翻译研究——第三届全国应用翻译研讨会论文集[M].中国出版集团;中国对外翻译出版公司,2010.

[23]马士奎,倪秀华.塑造自我文化形象 中国对外文学翻译研究 外国语言文学学术论丛[M].北京:中国人民大学出版社,2017.

[24]明明.翻译与中国文化走出去战略研究 以海明威和莫言为例[M].北京:中国社会科学出版社,2013.

[25]史志康译.中国文化研究丛书《论语》翻译与阐释[M].上海:上海外语教育出版社,2019.

[26]苏晓轶.翻译与中国文化"走出去"发展路径探索[M].北京:九州出版社,2018.

[27]魏倩倩.文化翻译视域下的中国典籍英译研究[M].北京:九州出版社,2018.

[28]谢天振,王宁.中国当代翻译研究文库·翻译研究 从文本、语境到文化建构[M].上海:复旦大学出版社,2014.

[29]熊辉作.中国当代诗歌翻译的文化选择[M].北京:中国社会科学出版社,2021.

[30]徐晓飞,房国铮.翻译与文化[M].上海:上海交通大学出版

社,2018.

[31]叶会.全球视域下中国文化的翻译与传播[M].北京:九州出版社,2020.

[32]余静作.语言文化传播丛书 中国译制片翻译研究资料汇编 英美篇 1949—2009[M].北京:中国传媒大学出版社,2021.

[33]张杰.基于翻译理论的中国文化对外翻译[M].长春:东北师范大学出版社,2020.

[34]张丽莉,孟亮.中国文化"走出去"与翻译研究[M].长春:吉林大学出版社,2018.

[35]赵晏彪.译道与文化:中国对外翻译出版公司[M].北京:中国对外翻译出版公司,2008.

[36]仲伟合,何刚强.高等学校翻译专业本科教材 中国文学文化读本[M].北京:外语教学与研究出版社,2016.

[37]常洁,张智义.探索中国传统戏曲外译新路[N].中国社会科学报,2020-02-14(002).

[38]陈法春.胸怀至道而播中国音[J].中国翻译,2021,42(04):68-71.

[39]陈宁,叶晓芬.19世纪以来中国陶瓷典籍的法译本及其对法国陶瓷业的影响[J].陶瓷学报,2021,42(05):882-890.

[40]代芳芳.中国戏曲跨文化传播英译问题刍议[J].文教资料,2018(05):22-23.

[41]谷桠楠.《豫剧文化概述》(节选)英译实践报告[D].湘潭:湘潭大学,2019.

[42]洪澜,张越颖,潘溢婷,林珈汀.国产灾难片的翻译及其家国情怀对外传播研究[J].新闻研究导刊,2021,12(14):101-103.

[43]胡波,董晓波.是文化交流,还是文化霸权?——从《大清律例》首个英译本中的文化误读切入[J].中国文化研究,2021(02):161-170.

[44]蒋琳.从和合翻译观看英译摩诘诗中的风采再现——以《过香积寺》四个英译本为例[J].成都航空职业技术学院学报,2021,37(02):84-88.

[45]蒋诗颖.生态翻译学视角下的中国传统文化翻译研究[J].黑龙江教师发展学院学报,2021,40(10):120-122.

[46]李婉珊,张映先.功能目的翻译观视角下佛山武术英译研究[J].

海外英语,2021(07):157-158.

[47]廖琳达.文化障碍与跨越——18—19世纪英语世界的中国戏曲研究[J].戏曲艺术,2021,42(02):50-55.

[48]林阿立.功能翻译理论视角下的中国传统戏曲翻译[J].哈尔滨学院学报,2021,42(08):106-109.

[49]吕世生.中国古典戏曲外译的译者文化身份、文本选择与阐释[J].亚太跨学科翻译研究,2018(01):8-17.

[50]马丽媛.以赤子之心传播传统文化——记初大告和丁往道先生[J].国际汉学,2021(02):22-29.

[51]马孝幸.操纵改写理论视角下的太极拳术语翻译研究[J].湖北师范大学学报(哲学社会科学版),2021,41(05):81-84.

[52]闵玲.中医药文化对外传播交流人才培养模式研究[J].中国中医药现代远程教育,2021,19(06):176-178.

[53]潘英.医学院校中国传统文化翻译混合式教学路径与实践[J].中国医学教育技术,2021,35(05):659-663.

[54]阮俊斌,孙洁琼,殷沪.基于中华优秀传统文化在线iWrite汉英译写教学探析[J].兰州职业技术学院学报,2021,37(02):78-81.

[55]申艳星,王治梅,侯茜,张登本,田杨,黄瑜,王婧锦,李永安.文化图式视阈下的中医文化缺省翻译策略研究[J].中国中医基础医学杂志,2021,27(02):302-304.

[56]孙宁宁.《中国传统文化经典:二十四节气》(节选)翻译实践报告[D].大连:大连理工大学,2021.

[57]唐慧君.中国传统戏曲的隐喻翻译[N].中国社会科学报,2020-04-27(005).

[58]望丽影.中医药文化推广困境:中医隐喻性语言的解读与翻译[J].锦州医科大学学报(社会科学版),2021,19(04):103-106.

[59]魏莱,房国铮.中华传统文化在对外翻译中如何建构文化自信[J].文教资料,2021(18):58-60.

[60]吴娴.城市外宣翻译策略——以淮南为例[J].文化产业,2021(16):42-43.

[61]肖俊一.中国戏曲的文化阐释与翻译[J].齐鲁艺苑,2014(05):89-91.

[62]衣微娜.英语教育专业"综合英语"课程中国传统文化的渗透策

略[J].发明与创新(职业教育),2021(07):189.

[63]于建刚.戏曲翻译与戏曲海外传播的关联性思考[J].中国文艺家,2021(08):37-39.

[64]张欢.浅析文化语境对诗歌英译的影响[J].今古文创,2021(18):123-124.

[65]张威.中国古典戏剧海外传播的接受度及影响力[J].人民论坛,2021(28):104-106.

[66]赵静婉.大学英语课堂中的传统中国文化传承教育——以英语四六级"翻译教学"为例[J].海外英语,2021(11):101-102.

[67]赵卿,王艾.文化理解深度对典籍英译的影响——以"理"的翻译为例[J].海外英语,2021(11):225-228.

[68]赵晴.借助戏曲艺术　传播传统文化[J].文学前沿,2008(02):111-122.

[69]周澄雷,高芸.中西方两本代表性中医词典的翻译策略对比分析[J].中医药管理杂志,2021,29(12):34-37.